우리의 뇌는
왜 충고를
듣지 않을까?

옮긴이 · **조연희**

동덕여자대학교 프랑스어과와 한국외국어대학교 통번역대학원 한불과를 졸업하고, 전문 통번역사로 활동하고 있다. 역서로는《거꾸로 자라는 나무》,《기적은 존재한다》,《엄마와 춤을 추다》,《자신 없다는 착각》등이 있다.

우리의 뇌는 왜 충고를 듣지 않을까?

2021년 11월 1일 초판 1쇄 펴냄

지은이 • 에릭 라 블랑슈
옮긴이 • 조연희
펴낸곳 • 도서출판 일므디
선자우편 • Ilmeditbook@gmail.com

ISBN 979-11-970317-8-6 03180
값 16,000원

Published in the French language originally under the title:
Pourquoi votre cerveau n'en fait qu'à sa tête

© 2020, Éditions First, an imprint of Édi8, Paris, France.

이 책의 한국어판 저작권은 도서출판 일므디에 있습니다.
저작권법에 의해 한국 내에서 보호를 받는 저작물이므로 무단 전재와 무단 복제를 금합니다.

우리의 뇌는 왜 충고를 듣지 않을까?

에릭 라 블랑슈 지음 │ 조연희 옮긴

오류는 모두 경솔한 판단에서 나오며,

진리는 오류를 모두 정리한 데서 나온다.

— 알랭(Alain, 1868~1951년, 프랑스의 철학자)

감사의 말

이 책의 아이디어를 지지해 준 미카엘 프리장과, 수년 전부터 매일 군말 없이 함께 해 온 온라인 동의어 사전 CRISCO(맥락 의미에 관한 상호 언어 연구 센터 Centre de Recherches Inter-langues sur la Signification en Contexte)에 진심으로 감사드립니다.

차례

7 감사의 말

제1장 지금, 당신의 뇌에서 벌어지는 일

15 들어가며
24 인지 편향을 발견하기 위하여
42 태초에…… 인지 편향이 있었다
61 어떻게 작동할까?
72 당신의 생각을 믿지 마세요!

제2장 인지 편향, 그것이 궁금하다
— 24가지 인지 편향 알아보기

GROUP 1 ::: 정보 추리기

81 **틀 효과**
나는 왜 사람들이 문제를 내는 방식에 따라 민감하게 반응할까?

85 **확증 편향**
틀렸는데도 왜 내가 옳다고 주장하는 걸까?

89 **편향 맹점**
왜 나의 인지 편향을 인지하지 못할까?

92 **기준점 편향**
우연히 접한 숫자가 어떻게 영향을 줄 수 있을까?

GROUP 2 ::: **방향 찾기**

95 **낙관주의 편향**
왜 나 정도면 그래도 괜찮다고 생각하는 걸까?

100 **클러스터 착각**
생각지도 못한 일이 일어난 것을 왜 우연이라고 여기지 못할까?

104 **공정한 세상 가설**
나는 왜 그 사람에게 마땅히 일어날 일이라고 생각할까?

108 **기본적 귀인 오류**
나는 왜 사람들의 성격이 행동으로 나타난다고 생각할까?

111 **권위자 편향**
나는 왜 특정 상황에서 복종할까?

115 **후광 효과**
나는 왜 첫인상을 믿을까?

119 **생존 편향**
나는 왜 성공한 사람들이 그렇게 힘들지는 않았을 거라고 생각할까?

124 **지식의 저주**
왜 사람들은 내 설명을 이해하지 못할까?

GROUP 3 ::: 빨리 행동하기

128 **더닝 크루거 효과**
나는 왜 어려운 일에도 영향을 받지 않을까?

132 **반발**
나에게 유익한 행동인데도 왜 하고 싶지 않을까?

136 **결합 오류**
나는 왜 어떤 문제의 논리를 그냥 지나칠까?

139 **이케아 효과**
사람들은 왜 내가 만든 것의 가치를 깎아내릴까?

143 **매몰 비용 편향**
왜 내 돈이 들어가면 포기하기 힘들까?

146 **포러 효과**
나는 왜 사람들이 내 이야기를 하길 바랄까?

151 **점화 효과**
나는 왜 작은 자극에도 영향을 받을까?

154 **자기 위주 편향**
사람들은 왜 내 성공을 깎아내릴까?

GROUP 4 ::: 기억을 단순화하기

157 **가용성 편향**
왜 직관을 불신해야 할까?

161 **단순 노출 효과**
나는 왜 여러 번 노출된 것에 친숙함을 느낄까?

165 **거짓 기억**
왜 일어난 적도 없던 일이 기억나는 걸까?

169 **사후 과잉 확신 편향**
왜 처음부터 그 일이 일어날 줄 알았다고 생각하는 걸까?

175 마치기 전에 — 우리가 어리석을 때
184 참고 문헌

제1장

지금, 당신의 뇌에서 벌어지는 일

들어가며

어이, 선원

《리루스 불어 사전》에서는 '인지'라는 단어를 이렇게 정의한다. "'알다'라는 능력과 관련된 것."

이 책은 인지에 관한 책이다. 즉, 우리가 알고 있다고 여기는 것, 그러한 생각을 바탕으로 결정을 내리는 것과 관련이 있다. 그래서 당신이 최고 경영자, 결정권자, 도박사, 혹은 당신 자신에 대해 더 잘 알고 싶은 사람이라면, 매일매일의 결정을 내리는 데 유용한 정보를 이 책에서 발견할 것이다.

이 책을 손에 든 당신은 인간의 어리석음이라는 드넓은 바다를 횡단하도록 초대받았다. 이번 여행은 '집중 코스'다. 장담컨대, 편안한 여행은 아니다. 오히려 당황스럽고, 험난하며 굴욕적인 여행일 수 있다. 하지만 이 여행을 하다 보면 우리 삶에 중요한 여러 가지를 발견하게 될 것이다. 그래서 목적지에 다다르면 자신이 더욱 성장했음을 깨달으리라 믿는다.

이 여행의 신기한 점은 목적지에 다다랐을 때 그곳이 바로 출발지라는 것을 깨닫게 된다는 점이다. 마치 지하철 순환선처럼 어리석음을 한 바퀴 돌아보는 셈이다. 우리는 이러한 경험을 하면서 인류의 첫 시작으로 회귀한다. 스스로 엄청나게 진화했다고 믿지만 결국 커다란 유인원의 자리로 돌아오게 될 것이다. 그러므로 극적인 변화를 기대하지는 말자. 책장을 다 넘긴다고 해도 우리는 결코 더 똑똑해지지는 않는다. 어쩌면 이 책을 환불하러 서점에 달려갈 수도 있다! 그러나 적어도 내가 왜 이렇게 어리석고, 왜 이렇게 끈질기게 매번 실수하는지는 알게 될 것이다.

최악의 배와 함께하는 여행

힘든 모험에 나설 때에는 물과 식량, 구호 장비를 반드시 챙겨야 한다. 장비의 상태도 확인하고 배도 점검한다. 고민은 여기서부터 시작된다. 인간의 뇌가 지나야 하는 여정은 어리석음이라는 바다에 맞서는 것이다. 당신은 이 여정이 안락하고 근사한 선실을 갖춘 요트를 타는 것과 같다고 믿는가? 인간의 뇌가 그 바다에 맞설 준비가 충분히 되었다고 믿는가? 만약 그렇다면 실망할 것이다. 우리가 가진 장비는 돛도 없는 낡은 뗏목이기 때문이다. 이 뗏목은 방향타가 없어 제멋대로 움직이고, 겨우 물결의 흐름을 따라 흘러갈 뿐이다. 미리 말해 두는데, 앞으로 나아가고 싶다면 노를 저어야 한다. 이 배의 유일한 장점은 가라앉는 일은 없다는 점이다. 벌써 수백만 년째 물에 둥둥 떠 있을 뿐 가라앉지는 않았다. 우리가 아직 여기 있다는 것이 그 증거다! 바다에 빗댄 은유는 여기까지 하고 이 문제를 다르게 접근해 보자.

인간의 뇌는 어떤 컴퓨터에도 뒤지지 않는 계산 능력을 보유하고 있다. 원자 폭탄이나 지구 온난화를 만들 수 있을 정도로 똑똑하다. 하지만 올바로 사고하지는 못한다. 인간의 뇌는 그렇게 기능하지 않는다. 인간의 숭고한 두뇌가 지능이 앉도록 준비된 옥좌라고 믿는다면 착각이다! 이 옥좌에 앉아야 하는 것은 우리의 반사 행동과 움직임, 시각과 본능, 감정과 기억, 언어다. 예민한 지능을 위해서는 고작 보조 의자만 마련되어 있을 뿐이다.

그러니 미리 알아 두는 것이 낫다. 우리는 끝없는 어리석음을 만든 기관인 뇌로 무장한 채 인간의 어리석음을 겨냥하며 돌격할 것이다. 이 기관은 현실을 직시하기보다 허풍을 늘어놓는 데 더 타고났으니, 분명 이상적인 여행 동반자는 아니다. 그래도 선택권은 없다. 우리를 뒤죽박죽으로 만들려고 호시탐탐 기회만 엿보는 이상한 거짓말쟁이와 함께 이 배에 올라야 한다. 이 배에 탑승한 당신을 환영한다!

삐빅! 오류입니다!

'인지'란 '알다'와 관련된 포괄적인 정신 과정이다. 인간은 이러한 인지와 관련된 체계를 지니고 있다. 그래서 우리를 둘러싼 세상을 파악하고 그에 대처할 수 있다. 인지 체계는 기억과 언어, 사유와 학습, 판단과 결정, 지각과 문제 해결에 영향을 준다. 그런데 이 인지 체계는 항상 올바른 방향으로만 작동하지는 않기에, 오류가 자주 생긴다.

인지 편향이란 무언가를 알아 가는 과정에서 생기는 오류로, 정보를 처리하는 도중에 정신에 의해 정보가 왜곡되는 것을 뜻한다. 한쪽으로 치우침을 뜻하는 '편향'이라는 단어를 사용했듯이 정보를 올바르게 처리했다는 뜻이 아니다. 오히려 비스듬한 방향으로 빗나가게 처리했다는 뜻이다. 당연히 결과도 현실을 비켜간다. 그래서 실제 존재하는 정보와, 내가 지각한 정보가 다르게 된다.

우리 뇌는 외부에서 받아들인 정보에 무언가를 덧붙이거나 들어낸다. 정보를 바로 받아들이는 것이 아니라 그것을 수정한다. 물론 뇌가 우리에게 의견을 미리 물어보거나, 언질을 줄 수도 없다. 또 그것이 더 낫다고 판단할 수도 없는 일이다.

하지만 단순한 실수와 인지 편향은 확실히 구분할 수 있다.

편향이란 절대로 우연이 아니며, 진짜 '실수'도 아니다. 어떤 정보들은 항상 편향된다. 마치 일부러 그렇게 만든 것처럼 프로그래밍 되어 있다. 이는 어찌할 도리가 없다. 아무리 편향시키지 않으려 해도 뇌는 꿈쩍도 하지 않는다. 고집불통처럼 인지 편향은 늘 같은 실수를 저지른다. 똑같은 문제를 내도 다시, 또다시 반복한다.

걸어가는 야만인

인지 편향이라는 '프로그램 오류'는 1960년대에 발견되었다. 사실 프로그램에 오류가 난 것은 아니지만 이 점은 뒤에서 살펴보겠다. 우리 조상들은 인지 편향의 존재를 느끼고 있었다. 하지만 이를 입증하기 위해서는 현대 과학 기술의 힘이 필요했다. 사실 아직까지도 이 발견을 정확히 가늠한 것은 아니다.

이 오류는 스스로를 굉장히 똑똑하다고 믿는 가련한 인간의 뺨을 두 번이나 때렸다.

첫 번째, 인간의 정신은 '가끔 실수를 하는 것'이 아니라, '실수를 하기 위해' 만들어졌다. 여기에는 미묘한 차이가 있다. 실수를 쉽게 저지르는 것이 아니라, 아예 '처음부터' 결함이 있다는 뜻이니 말이다.

두 번째, 인간이 자랑스러워하는 지능은 정신의 본질적인 특징이 아니다. 지능은 인간이 그저 우연히 얻은 부차적 기능일 뿐이다. 인간의 뇌는 수백만 년동안 진화해 왔다. 그리고 인간의 뇌가 진화해 온 것은 한 치의 오차도 없는 정확한 생각을 하기 위해서가 아니라, '생존'하기 위해서였다.

프랑스의 영화감독이자 시나리오 작가인 미셸 오디아르의 말을 풀어 보자면 진화는 '앉아 있는 지성인보다 걸어가는 야만인'을 선호한다. 이 비유는 환경 파괴를 하며 야만인처럼 걸어가고 있는 인류의 현재 상황과도 어울린다.

나 자신을 이해하고, 꼬리에 꼬리를 무는 실수를 이해하기에 앞서, 우리 뇌의 회백질이 크게 기울어졌다는 본질을 인정하는 것이 먼저다. 현실을 직시하지 못하게 만드는 인지 편향은 진짜 문제를 진지하게 공략하지 못하게 훼방을 놓는다.

아, 많이 늦었다. 얼른 출발하자!

인지 편향을 발견하기 위하여

애프터서비스는 불가합니다

인간은 수천 년 동안 신이 현명하게 사용하라는 뜻으로 지능을 주었다고 믿었다. 신이 인간에게 지능을 장착해 주며 말하지 않은 것이 있다. 바로 기능에 이상이 있으며, 숨겨진 결점도 한두 개가 아니며, 자신의 실수에는 '눈 가리고 아웅'할 수도 있다는 것이다. 게다가 신은 인간이 스스로 자유롭게 결정할 수 있도록 자유 의지도 주었다.

만약 신이 준 '완벽한(이라고 쓰고 '완벽하지 못한'이라고 읽는) 도구'를 잘못 사용했다면, 그건 인간의 잘못이라고 마음 편히 생각할 수 있다. 신이 인간에게 자유 의지를 주었다는 점을 생각해 보면 모든 것이 들어맞는다. 수많은 실수는 인간의 잘못이지 뇌의 잘못이 아니어야 한다. 하지만 여전히 우리 마음에 비수를 꽂는 생각을 지울 수 없다.

"나는 왜 이렇게 바보 같을까? 왜 지능은 이다지도 사용하기 어려울까? 지능이 있는데도 왜 자꾸 똑같은 실수를 할까? 도대체 이 물건은 누가 만들었을까? 사용 설명서는 어디 있지? 서비스 센터 좀 연결해 주세요!

모든 것은 유혹 때문이다

지능이 모든 것을 도맡지는 않는다. 인간은 언제나 이를 알았으며 우리 조상들도 충분히 이해했다. 그들은 인간이 이렇게나 어리석은 이유를 본능과 욕구, 그리고 충동 때문이라고 생각했다. 유혹, 짓궂은 영, 악마 탓으로 돌린 것이다. 그래서 인간이 살아가는 데 꼭 필요한 필수 욕구를 충족시키는 일이 정신을 조화롭게 하는 데 방해가 된다고 여겼다. 필수 욕구란 먹고, 마시고, 숨 쉬고, 아이를 낳고, 정보를 획득하고, 사회적 지위를 얻겠다는 욕구다.

조상들이 옳았다. 성적으로 흥분했을 때나 군침이 도는 음식을 보고 있을 때, 필요하지는 않지만 초특가 세일 중인 상품이 눈 앞에 있으면 판단이 쉽게 흐려진다. 정치 유세에 등장하는 선동적인 슬로건을 들을 때도 마찬가지다. 그래서 고대인들은 사슬에 묶인 인간의 정신이 천리 밖을 내다보는 위엄 있는 독수리가 아닌, 피둥피둥 살찐 사팔뜨기 닭이라고 생각했다.

유혹은 올바른 정신이 깃드는 것을 방해한다. 그러기에 정신을 똑바로 차리려면 유혹에 빠지지 않도록 저항해야 한다.

분별력 있게 주변 상황을 완벽하게 파악하고, 지능이 독수리처럼 비상하도록 정신을 유혹의 사슬에서 풀어 주도록 하자.

올 더 머니, 최초의 인지 편향

인지 편향은 돈 문제 때문에 발견되었다. 1960년대 말, 이스라엘의 심리학자이자 행동 과학 전문가인 대니얼 카너먼과 아모스 트버스키는 인간이 어떻게 결정을 내리는지에 주목했다. 그들은 경제 주체가 가끔씩 경제적으로 비합리적인 결정을 내리는 경향에 주목했으며, 왜 그러한 결정을 내렸는지 찾고자 노력했다. 달리 말하면, 이미 수차례 빈털터리가 됐던 투자 기금 대표가 "전문가라는 인간들 때문에 수백만 달러를 또 잃게 생겼어!"라고 말하는 경우다. 이미 여러 차례 같은 경험을 했음에도 불구하고 또 같은 일을 벌이고 또 실패하는 경우 말이다.

마침내 카너먼과 트버스키는 자신들이 발견한 '전망 이론'에서 해답을 찾았다. 이 이론에 따르면 사람들은 이익과 손실을 보는 전망을 비대칭적으로 판단한다. 다시 말해 사실과 다르게 평가하는 것이다.

그보다 훨씬 전인 1700년대에 수학자 다니엘 베르누이도 이 사실에 주목했다. 이런 비대칭을 설명하기 위한 대표적 예시가 '손실 회피'다. 이는 최초로 발견된 인지 편향으로, 인간의 정신은 똑같은 크기라도, 이익보다는 손실에 더 큰 가치를 부여한다는 것이다.

나쁜 패자

카너먼과 트버스키는 실험으로 심리적으로 100달러를 잃은 것의 반대가 100달러를 벌었다는 것이 아님을 입증했다. 손실은 이익의 기쁨보다 훨씬 더 뼈아프다. 그래서 손실에 대한 두려움을 자연스레 더 크게 느끼곤 한다.

그들의 이론에 따르면 100달러의 손실을 본 것을 심리적으로 보상받으려면 200달러에서 250달러의 이익을 얻어야 한다. 아무리 공격적인 투자자라도 자연적으로 이익보다 손실을 본 것, 예를 들면 주가가 하락한 주식을 더 오래 갖고 있으려는 경향을 보인다. 이러한 비합리적인 결정으로 인해 매년 수십억 달러가 증발한다. 그리고 결국 수백만 명을 길거리로 나앉게 만드는 익숙한 경제 위기가 닥친다.

참으로 고-마운 인지 편향이다.

현실을 속이는 기계

카너먼과 트버스키는 수많은 실험으로 이 비대칭의 존재를 과학적으로 입증했다. 하지만 이것이 중대한 발견임은 깨닫지 못했다. 그들이 발견한 편향은 순식간에 불어났고, 비정상적 인지 행동 목록은 점점 더 추가되었다. 확증 편향, 틀 효과, 클러스터 착각, 사후 과잉 확신 편향, 후광 효과, 가용성 편향, 기저율의 오류······. 인간의 자랑스러운 뇌는 훌륭하지만 잘못 사용하기 쉬운 도구가 아니었다. 처음부터 수십 개의 구멍이 난 오래된 치즈였던 것이다!

니콜라우스 코페르니쿠스는 지구가 태양 주위를 돈다는 이론으로 우주의 중심에서 인간을 빼내 주었다. 또한 찰스 다윈도 인간이 원숭이에서 진화했다는 이론으로 창조의 중심에서 인간을 빼냈다. 그리고 마침내 괴짜 심리학자 두 명이 인간의 자만심에 마침표를 찍었다. 이들은 합리적으로 보였던 인간의 뇌가 사실은 현실을 속이는 기계일 뿐이라고 알려주었다. 그렇다면 잘못된 믿음에 사로잡힌 이 정보 수집 전송 시스템을 지닌 채, 주변 세계를 올바로 판단하려면 어떻게 해야 할까?

주체의 문제

인간의 자만심 다음으로 폭발해야 하는 영역은 바로 경제학이었다. 당시의 주류 이론이었던 신고전학파 경제 이론은 "경제 행위자는 합리적이고 이기적이며 취향은 바뀌지 않는다."[01]는 점을 전제로 하여 정립되었기 때문이다. 그러므로 이 전제가 성립되지 않는다면 이론 또한 성립되지 않는다.

이 경제 이론에서는 당신과 나, 회사 사장이나 금융 트레이더는 항상 합리적이고 이기적이며 경제적으로 일관된 선택을 내린다. 하지만 오래전부터 이것이 사실이 아니라는 것을 알고 있었다. 그리고 카너먼과 트버스키는 이것이 사실이 아님을 과학적으로 입증했다. 그들의 발견은 신고전학파, 그중에서도 혹평을 들은 신자유주의의 코를 납작하게 만들었다.

"사람은 결코 완벽히 합리적이지도, 노골적으로 이기적이지도 않으며, 취향 또한 절대 고정불변이 아니라는 것쯤은 심리학자에게는 자명한 사실이다."[02] 카너먼은 이렇게 말했다.

---

01 대니얼 카너먼 지음, 《생각에 관한 생각: 우리의 행동을 지배하는 생각의 반란》, 이창신 옮김, 김영사, 2018, 397쪽. — 편집자 주
02 위의 책, 397쪽. — 편집자 주

그러므로 신고전학파 경제 이론이 제대로 적용되지 않는 까닭은 이 이론의 전제인 '합리적인' 주체가 없어서였다.

예언자는 없다

기대를 뒤엎고, 신자유주의는 무너지지 않았다. 그리고 오늘날에도 여전히 매력적이다. 이 경제 흐름은 카너먼과 트버스키의 증명을 외면하는 데 만족하며, 다른 유사 과학과 나란히 걸어가고 있다. 신자유주의는 가설에 집착했고, 카너먼과 트버스키가 노벨경제학상을 받았지만 조금도 달라지지 않았다.

소위 '정통'이라는 신자유주의의 정신적 지주들은 우아하지만 증명하기 어려운 수식을 경제학 전공생들에게 선보였다. 그들은 텔레비전 프로그램에서 각국 지도자들에게 터무니없는 조언을 늘어놓았고, 지구를 파괴하게 했다. 그리고 각종 공공 서비스를 민영화해 버렸다. 실수를 직시하지 못하는 인지 편향은 신고전학파 경제학자들에게 더 발달되어 있는 듯하다. 아니면 손실 회피 편향이 너무 강해서 파산 선고를 받은 학문을 포기하지 못하는 걸지도 모른다. 게다가 세계 경제를 진두 지휘하는 이들이 고의적으로 눈을 감아 주는 바람에 신자유주의는 더욱 맹위를 떨치고 있다.

이뿐만이 아니다. 개개인이 기후 위기(또는 전염병 위기)를 제대로 평가할 수 없게 하는 데에도 이미 지대한 역할을 했다. 신자유주의 경제학자들이 솔직하게 인지 편향의 존재를 인정했다면, 환경이 이렇게 훼손되지는 않았을 것이다.

진실은 없다, 오직 거짓일 뿐

카너먼과 트버스키, 리처드 탈러와 같은 많은 행동 과학 연구자들의 연구는 인간이 처한 터무니없는 현실을 선명하게 보여 준다.

편향은 수십 개에 이르며 정보 처리 시스템 거의 전부가 여기에 좌우된다. 기억은 위조되며 문제를 지각하는 능력도 전적으로 영향을 받는다. 따라서 스스로를 바라보는 관점도 거짓이고, 나 자신의 역사도 대부분 꾸며졌다. 간단히 말하자면, 의식에 와닿는 거의 대부분이 왜곡되어 과장되거나 축소된다. 때로는 가볍게 여겨지거나, 떠받들어지며, 심지어는 진실이 부정되거나 거짓이 진실인 것처럼 여겨진다. 이는 부끄러울 정도다.

인지 편향을 잘 이해하기 위해 착시 현상을 예로 들어 보겠다. 착시 현상은 시각이 주변의 다른 정보의 영향을 받는 현상이다. 이처럼 인지 편향도 어느 정도는 판단에 좌우된다.

다음 중 가장 짧은 직선은 어느 것일까?

정답: 다 같은 길이임.

이제는 인정하세요!

앞에서 예시를 든 세 선의 길이는 똑같다. 하지만 여전히 다르게 보일 것이다. 이는 선 끝에 있는 화살표가 시각을 비스듬히 기울어지도록 만들기 때문이다. 시각뿐만 아니라 다른 인지 체계도 어느 정도는 이런 방식으로 작동한다.

인지 체계는 나름대로의 방식으로 한쪽으로 치우친 정보를 보내고, 이렇게 보내진 정보를 처리한다. 그래서 그 정보를 인식할 때는 이미 인지 체계가 손을 써서 정보를 조작한 후다. 우리가 올바로 생각하기 위한 이 '정보 저장고'는 한쪽이 비뚤어진 불량품이다. 이런 저장고를 지닌 채, 주변을 정확한 식견으로 바라보려고 해 보라!

오늘날 다양한 인지 편향이 있다는 증거는 무수히 많으니, 인간의 지적 능력에 대한 낡은 개념은 말끔히 버려라. 안타깝게도 인지 체계는 가끔씩만 실수하는 성실하고 친절한 비서가 아니다! 올바른 판단을 내리도록 유용한 정보를 모아 주지 않는다. 오히려 이 녀석은 일말의 양심도 없이 자기애와 망상에 사로잡혀 가짜 뉴스를 퍼트리는 선동가다. 우리는 이 짓궂은 녀석과 긴밀히 협업하며 모든 결정을 내려야 한다.

대안적 사실의 시대

인지 편향을 아주 잘 보여 주는 사람이 있다. 바로 도널드 트럼프 전임 미국 대통령이다. 트럼프는 자기중심적이고, 쉽게 분노하며, 공격적이고, 성급하며, 허풍쟁이에, 건방지고, 정의롭지 않으며, 경솔하다(빠진 것이 있을 수도 있다). 하여튼 그는 걸어 다니는 인지 편향이다.

트럼프를 대표하는 인지 편향 중 하나가 바로 '더닝 크루거 효과'다. 더닝 크루거 효과는 무지한 이가 오히려 우월감에 넘쳐서 자신의 실력을 실제보다 더 높이 평가하는 경향이다.

좋은 예시가 도널드 트럼프 행정부 때 나온 '대안적 사실 alternative facts'이나.[03] 백악관은 트럼프의 대통령 취임식에 참석한 인원이 버락 오바마의 취임식 때보다 더 많았다고 발표했다. 실제로는 오바마 때보다 3분의 1 정도였으나, 트럼프

---

03 도널드 트럼프의 미합중국 대통령 취임식 인파와 관련한 논쟁에서 제기된 단어로, 백악관 선임고문 캘리언 콘웨이의 답변에서 유래했다. 백악관은 트럼프의 취임식 인파가 버락 오바마 취임식 때보다 더 많이 참석했다고 발표했는데, 대부분의 언론은 당시 사진을 비교하며 백악관 측이 거짓 브리핑을 했다고 지적했다. 이에 백악관 선임고문 캘리언 콘웨이가 미국 방송사 NBC와의 인터뷰에서 이는 '대안적 사실alternative facts'이라고 해명하면서 논란이 되었다. 《옥스포드 영어 사전》은 대안적 사실과 일맥상통하는 단어인 '탈진실post-truth'을 '2016년 올해의 단어'에 선정하기도 하였다. ― 편집자 주

의 대변인은 이러한 비교가 거짓이고, 역대 대통령 선서에 참석한 인파 중 사상 최대였다고 밝혔다. 하지만 트럼프는 결국 이 말이 틀렸음을 입증하는 사진을 보고 불같이 화를 냈다.

또한 트럼프는 수만 명의 연구자가 연구한 끝에 내놓은 결과를 보고서도 지구 온난화를 '중국인의 발명품'이라 칭했다. 또한 코로나바이러스에 대해서도 처음에는 유행성 독감이나 헛소문 운운하기도 했다. 그러더니 미국인 수백만 명이 죽을 위험에 처하자 갑자기 말을 바꾸었다.

이 같은 사례를 통해 인지 편향이 유사한 방식으로 작동한다는 것을 알 수 있다. 트럼프는 현실에서 뭔가 걸림돌이 있으면 '현실을 바꾸자! 더 나아가 아무것도 고려하지 말자!'라고 단순히 생각해 버리는 것이다.

인지 체계는 지구 온난화를 다룬 앨 고어의 영화 제목인 〈불편한 진실〉처럼 우리에게 유리한 거짓말을 자동으로 만든다. 그러나 이렇게 문제를 거짓으로 치장하는 것은 순간적으로는 편할지 몰라도 반드시 대참사로 이어진다. 슈퍼히어로 영화에서처럼 마지막에 승리하는 것은 진실이기 때문이다. 하지만 진실은 도널드 트럼프나, 인지 편향이 진실을 다루는 방식을 조롱하곤 한다. 이러쿵저러쿵하면서 말이다.

나만의 세상에서

인지 편향은 체면을 살려 주고, 내면의 심리적 긴장을 완화하며, 고통을 덜어 준다. 그리고 동기 부여를 위해 현실을 주저 없이 '대안적 사실'로 탈바꿈한다. 그럴 의도도 없었고 위선을 행하겠다고 생각하지 않았어도 저절로 그렇게 된다. 뇌는 우리에게 적합한 이야기를 끊임없이 제공해 주도록 촘촘히 연결되어 있다.

때때로 인간은 바깥과 차단된 궁전에 고립된 왕과 같다. 대개 그들의 주변에는 아무도 없고, 아첨하는 신하들만 있을 뿐이다. 그러다가 끝끝내 비참한 결말을 맞곤 한다. 이를 우리 뇌와 빗대어 생각해 보면 딱 알맞은 비유다. 그렇다면 이쯤에서 이런 궁금증이 들 수 있다. 소중한 우리 뇌는 도대체 왜 이렇게 할까?

태초에…… 인지 편향이 있었다

오랜 형제

우리가 30만 년 전의 인간과 어떻게 달라졌는지 생각해 보자. 오늘날 인간은 비행기를 타고 시속 700킬로미터를 주파한다. 스마트폰으로 세상 이곳저곳과 연결되어 있고, 수도 시설이 완비된 안락한 집에서 따뜻하게 지내며, 작은 신용카드로 마트에서 비닐 포장된 식품을 구입한다. 이 모습을 보면 지금으로부터 30만 년 전 소규모 무리를 지어 대초원을 활보했던 인간과, 현대의 인간이 같은 호모 사피엔스라는 것을 실감하기는 어렵다. 하지만 실제로는 하나도 달라진 바가 없다!

 인류가 태동하던 시절로 가 보자. 거기서 어린아이 한 명을 데려와 지금 세상에서 양육하면 어떨까? 큰 차이는 없을 것이다. 아이는 크리스마스 선물로 스마트폰을 사 달라고 조르고, 친구들처럼 게임에 빠질 것이다. 이번에는 반대로 2020년에 살고 있는 어린아이를 30만 년 전으로 보내도록 하자. 이 아이도 마찬가지로 주변 환경을 탐색하며 불을 피우고, 돌을 깎아 도구를 만들고, 사냥과 채집을 할 것이다. 그래서 자연의 위험을 피하는 법을 금방 배우게 될 것이다.

 오늘날 인간이 컴퓨터를 다루고, 넥타이를 매고 다녀도 선사 시대 인간과 똑같은 지적 능력과 신체적 능력, 똑같은 본능과 결점을 지녔다. 인류 전체로는 조상들보다 더 아는 것이 많더라도 인간 개개인으로 따져 보면 똑같다. 더 지적이지 않다는 얘기다.

30만 년 전의 인간은 자연 환경에 대해 꿰뚫고 있었다. 수백 가지의 동식물과, 여러 장소의 특징을 속속들이 알고 있었다. 그들은 자연주의자이자 식물학자였으며, 만능 스포츠맨에 석사 학위까지 지닌 완벽한 인간이었다. 후기 구석기 시대의 조상의 두개골 크기가 현대 인간보다 조금 더 컸다는 사실에 주목하자. 그러니 현대 인간이 더 똑똑하다며 자만할 필요는 없다!

시골 공기

호모 사피엔스는 지구에 등장한 이후, 어림잡아 30만 년의 시간 가운데 29만 9990년을 도시가 아닌 다른 곳에서 살았다. 농사도 9천 년 전부터 짓기 시작했고, 그 이후로 서서히 퍼져 나갔다. 즉, 이 말은 우리가 총 29만 1천 년을 서늘한 초원에서 보냈다는 의미다.

이런 경험은 흔적을 남긴다. 우리의 조상의 조상도 풀숲에서 살았다. 이를 생각하면 인간의 신체 기관은 과자를 먹으며 텔레비전을 보는 것보다, 맨발로 숲을 뛰어다니는 것에 더 적합하다. 인류 문명이 발명된 지 수천 년이 흘렀어도, 진화의 관점에서는 100분의 몇 초에 불과하다. 이 시간은 신체 기관, 유전 부호나 뇌가 크게 변화될 만큼은 아니다.

뇌는 살아 있는 화석이다. 그래서 그 당시에 필요로 하는 것에 맞도록 완벽히 적응해 있다. 여기서 '그 당시'란 선사 시대를 말한다.

생존을 위한 도구

다윈의 진화론을 대강이라도 이해하려면 몇 가지 간단한 원칙에 주목해야 한다.

첫 번째, 사라지지 않은 종은 살아남거나 진화한다.

두 번째, 진화는 완전히 무조건적으로 일어나는 과정으로 그 어떤 요소의 지배도 받지 않는다. 우연에 따라 나아갈 뿐 숨은 의도는 없다. 예를 들어 더 지적이거나 복잡한 방향으로 진화되는 것이 아니다. 그러므로 침팬지와 블롭피쉬,[04] 한 포기 풀보다 인간이 더 '정점'에 있는 것이 아니다.

세 번째, 어떤 종이 살아남는 데 있어 쓸모가 없어진 특징은 오랜 기간에 걸쳐 사라진다. 인간에게 꼬리가 사라졌다는 것이 그 예가 될 것이다. 지느러미는 말할 것도 없다. 하지만 흔적은 남아 있다. 어떤 종이 불필요한 특징까지 안고 가는 경우는 드물다. 게다가 그 특징이 단점이 되거나 생존을 해친다면, 그 특징에게 명령을 내리던 유전자는 잠자코 있거나 사라진다. 따라서 끈질긴 생명력을 지닌 인지 편향이 이렇게 많

---

[04] 심해어의 한 종류이다. — 편집자 주

이 남아 있는 이유는 아마도 가까운 과거에는 이로웠기 때문이다. 그렇지 않았다면 사라졌을지 모른다.

오늘날 인간을 괴롭히는 인지 편향은 수백만 년 동안 우리의 생존을 도왔을 수도 있다. 물론 지금도 우리의 생존을 돕고 있을 수도 있다. 학자들이 궁금해한 것도 정확히 이 부분이다. 오늘날 인지 편향이 더 이상 유용하지 않다는 신호는 없기 때문이다.

그렇다면 다음 같은 질문이 떠오를 것이다. 인지 편향은 왜 존재할까? 과거에는 인지 편향을 어디에 썼을까? 더 나아가 오늘날 인지 편향을 어디에 이용할 수 있을까?

옛날 옛적 선사 시대에

이 질문을 이해하기 위해서는 '고향'으로 되돌아가야 한다. 어디냐고? 바로 수백만 년 동안 인류의 집이 되어 주었던 야생의 자연이다. 우리는 여기서 인지 편향이 어떤 면에서 유용할 수 있었는지 살펴볼 것이다.

자, 이제 안전벨트를 단단히 매고 기원전 27만 6624년 1월 27일, 아프리카의 대초원으로 떠나 보자. 오늘은 월요일이고 날씨가 화창하다. 하늘은 맑고 푸르며, 잔잔하고 시원한 산들바람이 분다.

선사 시대 사람들이 살아남기 위해서는 여러 제약 조건이 있었다. 우선 먹을 것과 마실 것을 구해야 했다. 그다음에는 여러 위험한 상황과 끔찍한 사고를 피해야 했다. 추락과 익사, 식중독과 일사병, 벼락이나 산불 같은 사고가 여기에 포함된다. 사자나 하이에나 같은 사나운 짐승들도 도처에 있었다. 또한 악어, 뱀, 거미, 박테리아, 기생충도 있다. 먹을 수 있는 짐승도 있지만, 반대로 '먹힐 수' 있는 위험도 도사리고 있다.

그러나 가장 큰 위험은 뇌를 쓰는 데 많은 시간을 써야 한

다는 것이다. 부족의 장사로 커다란 곤봉을 든 사나운 옹크르가 여기 있다.[05] 한편, 신 빈대편에 있는 부족에는 웅가라는 예쁜 소녀가 산다. 자, 당신이 옹크르와 주말마다 영양을 사냥하면서도 사이가 나빠지지 않고 웅가의 마음을 얻으려면 어떻게 해야 할까? 아마도 상당한 사교적 수완을 발휘해야 할 것이다. 사피엔스는 사회적인 종으로, 높은 협동심을 발휘한다. 그래서 혼자서 오래 살아남기 힘들다. 하지만 반대로

---

05 선사 시대 사람들을 다룬 1960년대 프랑스 만화 주인공이다. ― 역자 주

서로에게 지독히 위험한 존재가 될 수도 있다.

　결과적으로 인간은 타인과 갈등을 풀며 좋은 관계를 유지하기 위해 고민한다. 인간의 주된 포식자는 결국 인간이기 때문이다. 그래서 뛰어난 사교적 수완을 보유한 것이 큰 장점이 된다. 그러면 그 인간은 살아남아 번식할 수 있을 것이고, 도움이 되었던 유전자를 후손에게 물려줄 수 있을 테니 말이다.

원래부터 편집증 환자

 인지 편향은 수백만 년 동안 우리 삶을 편하게 해 주었다. 이것이 진화가 인지 편향을 간직했던 이유다. 여기서 우리를 성가시게 만드는 습성 하나를 떠올려 보자. 아무것도 아닌데 소스라치게 놀라고, 어둠을 무서워하고, 오래된 가구의 삐걱거리는 소리에 겁을 먹거나 숲을 걸을 때 뒤에서 누가 쫓아온다고 믿는다. 간단히 말해서 인간에게는 약간 편집증이 있다. 이러한 경향을 발동시키는 장치를 '행위자 과잉 탐지 장치 DHDA'라고 한다. 우리는 이 장치 때문에 도처에 위험이 널려 있다고 느끼게 된다. 이 장치는 수백만 년 동안 월등한 성능을 발휘해 왔다. 다만 이 경보 시스템은 오늘날 인간에게 지나치게 민감하다. 그래서 백 번에 아흔아홉 번은 오작동한다. 이것이 아쉬울 따름이다.

 다시 대초원으로 돌아가 보자. 밤이 찾아왔다. 웅가와 꽃을 따라 갔다가 집으로 들어가려고 하는 그때, 갑자기 키 큰 풀숲에서 정체 모를 소리가 들려 온다. 당신은 소스라치게 놀라 꽃을 내팽개치고 도망간다. 이렇게 도망간다면 소리의 원인을 절대 알 수 없을 것이다. 하지만 최소한 위험에 빠지지는 않을 것이다. 만약 바람이 범인이었다면 괜히 도망친 셈이 된다. 바보 같지만 살았으니 그래도 괜찮다. 하지만 반대로 소리의 정체를 찾아 나섰으면 어떻게 되었을까? 만약 어슬렁거리는 사자나, 당신에게 뜨거운 맛을 보여 주려던 옹크르였다면? 아마도 불운한 최후를 맞았을 것이다.

행위자 과잉 탐지 장치의 원칙은 단 하나, 겁쟁이가 살아남는다는 사실이다. 사실은 바람 소리였을 뿐인데 이 장치는 현실을 편향되게 해석해서 더 위험한 것을 상상하게 한다. 행위자 과잉 탐지 장치의 교훈은 이렇다. 단 한 번의 실제 위험을 탐지하지 못하는 것보다 상상의 위험을 천 번이라도 탐지하는 것이 더 낫다. 그러면 위험은 제로가 되기 때문이다.

겁쟁이 유전자

역경 속에서 살아남은 조상은 사방에서 나쁜 것을 찾아냈다. 그래서 우리는 겁쟁이 유전자를 타고난 것이 틀림없다. 위험을 마다하지 않던 사람들은 점점 자취를 감췄기 때문이다. 성가신 현실을 생각하면 안타깝지만 인지 편향에게 고맙다고 해야 할 일이다!

앞의 예시는 현실은 직시하지 않은 채, 최악의 상황만을 상상하며 몸을 사리는 것이 어떻게 불행을 모면할 수 있는지를 보여 준다. 이는 수십 가지 사례 중 하나일 뿐이다. 오늘날 과학자들은 다른 인지 편향도 모두 비슷한 기능을 한다고 추정한다. 하지만 아직도 대부분의 인지 편향을 설명하는 데는 어려움이 있다. 인지 편향이 어딘가 쓰였다는 것은 알겠는데, 과연 어디인지는 정확히 모르는 것이다.

우리 팀이 최고인데 왜 지는 걸까?

연구자들은 일부 인지 편향이 인지 부조화를 완화하는 데 도움을 준다는 단서에 주목했다. 인지 부조화는 1957년 심리학자 레온 페스팅거가 제시한 이론으로 서로 모순된 두 가지 생각이나 행동을 할 때 불편함을 느끼는 것을 말한다.

예를 들어 보자. 나는 최고의 축구팀을 응원하고 있다. 그럼에도 오늘 경기에서 애석하게 패배하고 말았다. 결국 이 팀이 최고의 실력을 지니지 않았다는 점이 입증되었다. 다이어트를 하면서도 다시 과자에 손을 대는 것도 마찬가지다. 살은 **빼야** 하지만 과자는 맛있기만 하다. 온실 가스를 배출한다는 것을 알면서도 자동차를 이용하거나 에어컨을 하루 온종일 트는 것도 그렇다. 나는 정말로 괜찮은 사람인데 연인과 헤어지게 되었다.

이처럼 우리가 인식하는 바와 실제 일어나는 일 사이에는 자주 부조화가 생긴다. 그리고 이러한 모든 사건은 뇌에 문제를 일으킨다.

설계된 오류

인지 체계는 모순을 좋아하지 않는다. 그래서 이 부조화를 줄이려 자진해서 왜곡되거나 편향된 구실을 찾아다닌다. 내가 응원하는 팀이 경기에서 진 것은 심판이 중요한 순간에 불합리한 판정을 했기 때문이다. 다이어트를 하고 있지만 과자를 먹었던 것은 맛있게 먹으면 제로 칼로리이기 때문이다. 지구 온난화는 다른 사람들이 이미 충분히 걱정하고 있기 때문에 나까지 동참할 필요는 없다. 그리고 헤어진 연인은 자기만 생각하는 이기적인 사람이었다.

이러한 변명거리를 찾으려고 머리를 쥐어짤 필요는 없다. 뇌가 알아서 멍석을 깔아 주기 때문이다. 인지 편향은 잘못된 믿음을 퍼트리는 위험한 공급책이다! 그리고 인지 체계가 일관성을 유지하도록 돕는다. 앞에서 진화가 인간에게 쓸모 있는 방향으로만 진화한다고 설명한 것을 기억할 것이다. 모든 인지 편향은 우리가 논리적인 오류를 피하고 수천 가지 모순을 분석하느라 몇 시간동안 머리를 쥐어짜지 않아도 되도록 설계되었다.

우리가 말과 다른 행동을 하면 어떻게 될까? 아무 문제없다. 태어날 때부터 타고난 인지 편향은 우리 입장을 대변해 주는 변호사다. 그리고 양심이라는 자리에 앉은 판사를 설득해 준다. 실제로 양심은 인지 편향에 자주 설득당한다. 그래서 축구 경기의 심판은 매수당했고, 떠나간 연인은 약간 정신이 이상하다고 생각하게 되는 것이다.

문제는 인지 편향이 제공하는 허술한 근거에 속는 사람이 나 자신이라는 점이다. 이는 내면의 일관성을 유지하도록 인지 편향이 우리를 속이기 때문이다. 타인이 그 근거를 무시하고 나에게 더 큰 수치심을 느끼게 하는 데는 몇 초밖에 걸리지 않는다. 역시 타인은 지옥이다!

거짓말쟁이! 거짓말쟁이!

우리는 자신이 거짓말을 하고 있지 않다고 타인을 납득시켜야 한다. 이때 인지 편향은 타인을 설득하도록 돕는다. 이는 인지 편향이 지닌 또 다른 기능이다.

타인은 우리 삶을 복잡하게 하지만, 그럼에도 타인 없이 살아남을 수 없다. 그렇기에 타인에게 호감을 사는 것이 중요하다. 좋은 방법은 타인의 믿음을 내게 유리한 방향으로 이끄는 것이다. 누군가에게 거짓말을 할 때, 스스로 만든 거짓말을 참말이라고 확신하는 것보다 더 좋은 방법이 있을까? 스스로 꾸며 낸 말을 정말로 믿어 버리면 '진짜' 거짓말을 할 필요가 없다. 이 전략에는 두 가지 이점이 있다.

첫 번째, 진실함이다. 인간은 본능적으로 허풍을 알아차릴 수 있다. 그렇게 타고났다. 그러나 나 자신이 스스로의 거짓말을 믿으면 남들에게 연극을 하지 않아도 된다. 그들도 의심하지 못한다.

두 번째, 앞뒤를 맞추려고 예전에 했던 거짓말을 기억할 필요가 없다는 점이다. 내가 했던 거짓말을 믿으면 그 말을 참말로 기억하기 때문이다. 거짓 기억을 연구한 과학자들은 인간의 정신이 '거짓 기억'을 손쉽게 받아들인다는 연구 결과를 보고 놀라워했다. 인간의 기억에 고의적으로 거짓 기억을 집어넣기란 식은 죽 먹기였다.

이러한 인지 편향은 우리에게 매우 유용하다. 특히 많은 사람들 사이에서 돋보이고자 할 때나, 사회적 지위를 얻고자 할 때 그러하다. 많은 사람들이 연인에게 사랑을 속삭일 때 허풍을 많이 떤다. 자기 자신을 더 좋은 사람으로 포장하는 것이다. 이러한 허풍은 자손을 남기는 생존 경쟁에 꼭 필요한 뛰어난 도구다!

사실 우리 주변에는 논란의 여지가 많은 성공 사례들이 수두룩하다. 실제로 성공했는지와 상관없이 자신은 성공했다고 믿는 사람들이 많다. 그러한 사례를 보고도 눈 하나 깜싹하지 않는 사람들은 지나치게 확신한다. 그 무엇도, 자기 자신도, 의심하지 않는다. 그렇기에 그들 입장에서는 성공했다고 확신하는 게 당연하다.

미셸 오디아르는 영화 〈무슈 갱스터〉에 이러한 대사를 썼다. "어리석은 이들은 모든 것을 감행한다. 그렇기에 우리는 그들을 알아볼 수 있다."

아마 그도 인지 편향에 대해 완벽하게 이해하고 있었던 것이 아닐까? 인지 편향이 인간의 어리석음에 어떠한 역할을 하는지에 대해서 말이다.

어떻게 작동할까?

결정 장애의 홍수에 빠지다

인지 편향과 관련된 개념 중에 '휴리스틱'이라는 개념이 있다. 휴리스틱은 '나는 발견한다'라는 뜻의 그리스어 '유리스코 eurisko'에서 유래했다. 휴리스틱은 문제의 해결책을 더 쉽고 빨리 찾게 해 주는 일종의 지름길이다. 휴리스틱을 이용하면 단순하고 빠르게 결정 내릴 수 있다. 이는 인간에게 선천적으로 내재된 결정 지원 시스템으로, 자동적으로 작동하는 직관적이며 빠른 정신 작업이다.

우리는 아침에 일어나 잠들 때까지 수천 가지의 사소한 결

정을 내린다. '이불 속에 5분만 더 있어도 될까?', '엎드려서 잘까? 아니면 똑바로 누워서 잘까?'

또한 일상 속에서 무수히 많은 선택을 해야 한다. '차를 마실까? 커피를 마실까?', '파란색 니트가 좋을까? 빨간색 니트가 좋을까?', '밥을 먹을까? 빵을 먹을까?' 정보는 충분하지 않지만 어떻게든 매번 최상의 결정을 내리려고 노력한다. 그러나 오늘 빨간색 니트를 입는 것보다 파란색 니트를 입는 게 훨씬 낫다고 어떻게 장담할 수 있을까?

이렇게 결정의 홍수 속에서 허우적대지만 문제없다. 우리에게는 자동 결정 지원 시스템이 장착되어 있으니 말이다! 결정을 내리기만 하면 된다. 오히려 오래 망설이는 것은 실수하는 것만 못하다. 친구에게 "어떤 니트를 입을까 고민하다 약속에 늦었어!"라고 변명하는 모습을 상상해 보라.

제한된 합리성

우리가 사는 세상은 매번 진짜 원인을 파악하고 결정을 내리기에는 지나치게 복잡하다. 이 환경 속에서는 1초마다 수백만 바이트의 정보가 만들어진다. 그래서 뇌는 정보를 처리할 수단이 부족하기 때문에, 반드시 일을 단순화해 버린다. 이렇게 하면 사각지대가 생길지라도 말이다. 1947년에 미국의 심리학자이자 경제학자인 허버트 사이먼은 이 작동 방법을 '제한된 합리성'이라고 불렀다.

인지 체계는 가능한 한 빠르게, 잘 행동하는 것을 가장 중요시한다. 제한된 합리성은 여기에 매우 효과적이다. 일을 손쉽게 해 주는 자동 판단 휴리스틱이 인지 체계에 장착된 것도 이런 이유에서다.

만약 맞은편에서 걸어오는 사람을 보았다고 하자. 그 사람은 휴대폰만 보며 걷고 있으므로, 왼쪽이나 오른쪽으로 피해야 할 것이다. 하지만 어느 쪽이 최상의 해결책인지 파악하느라 시간을 보내지는 않는다. 그 사람을 지나친 다음 '왜 왼쪽이 아니라 오른쪽을 선택했지?'라고 생각할 수도 있겠지만, 일단 위험을 피했으니 그것은 중요치 않다. 여기서 우리가 관심을 기울여야 할 것은 나 자신이 그렇게 순간적으로 결정을 내리도록 한 것이 무엇이냐는 것이다.

허버트 사이먼의 설명처럼 휴리스틱은 어림짐작한 합리적 규칙들을 뜻한다. 그래서 문제의 모든 변수를 고려하지 않는다. 그럼에도 최상은 아닐지라도 만족스러운 해답을 제공한다. 이것은 효과가 있다! 단, 오른쪽으로 지나가면서 바닥에 놓인 바나나 껍질을 보지 못했을 때만 제외하면 말이다.

수동 모드를 켜라

일부 연구자들은 우리가 일상적으로 내리는 결정 중 95퍼센트가 고민하지 않고 바로 내리는 결정이라고 한다. 휴리스틱이라는 정신의 지름길 덕분에, 미리 세운 규칙에 따라 결정해 버리는 것이다. 이러한 휴리스틱을 이용하지 않는 나머지 5퍼센트는 신중히 내려야 하는 중요한 결정이다. 그래서 이 결정을 내릴 때에는 수동 모드를 작동시킨다. 우리는 이때에만 옳고 그름을 가늠하며 차분히 더 많은 시간을 들인다. 그렇다고 좋은 선택을 하리라는 보장은 없지만, 자동 모드를 유지하는 것보다는 신뢰할 만하다.

대니얼 카너먼은 인간이 선택을 내릴 때는 자신도 모르게 두 가지 방법을 사용한다고 말했다. 그는 이 두 가지 방법을 시스템 1과 시스템 2라고 불렀다. 다만 주의하자. 이 두 시스템은 뇌의 구조나 특정 부분을 말하는 것이 아니라 카너먼이 만든 비유일 뿐이다. 하지만 이 비유 덕분에 이해하기는 훨씬 쉽다.

알아서 하지만 엇나가는 시스템

시스템 1은 의지와 무관하게 작동하지만, 직관적이며 무엇보다 빠르다. 게다가 어떤 노력도 요구하지 않는다. 마치 자동 제어 시스템으로 자동차를 운전할 때와 마찬가지다. 시스템 1은 우리가 원래 가진 사고방식이다. 다시 말해 의지와 상관없이 항상 작동하는 것이다.

반대로 시스템 2는 주의와 집중을 요구한다. 느리며, 지루하고, 에너지 소비가 많다. 시스템 2를 사용할 때는 심사숙고한다. 이 시스템이 작동 중인지 알려면 동공이 확장되는지 살펴보면 된다. 시스템 2(생각 모드)를 작동시키면 시스템 간의 전환이 이루어진다. 그래서 시스템 2는 시스템 1(자동 모드)의 의견을 듣지 않는다. 만약 누군가가 우리에게 2 더하기 2는 몇이냐고 묻는다면, 시스템 1을 사용해 대답할 것이다. 하지만 1,347 더하기 128은 몇이냐고 묻는다면 느린 시스템을 사용할 것이다. 자, 답은 1,485다.

이제 다른 문제를 풀어 보자. 라켓 한 채와 공 한 개는 합해서 11달러다. 라켓이 공보다 10달러 비싸다면 공은 얼마일까? 시간을 갖고 생각해 보자.

정상적이라면 시스템 1이 "1달러!"라고 크게 소리쳐야 한다. 어리석은 것은 아니다. 하지만 시스템 2를 가동한다면 시스템 2는 그 답이 오답이라고 말할 것이다.[06] 시스템 1은 지나치게 직관적이어서 실수를 하도록 부추긴다! 당신은 곧바로 답하긴 했지만 오답을 내놓은 인지 편향의 희생양이 되었다. 하지만 안심하자. 당신만 틀린 것이 아니다. 몇 년 전, 카너먼과 트버스키도 하버드, MIT, 프린스턴 대학교 학생들에게 같은 질문을 했다. 그러자 약 50퍼센트의 학생들이 당신과 똑같이 함정에, 아니 인지 편향에 빠졌다.

---

[06] 공은 0.50달러이고 라켓은 10달러 더 비싼 10.50달러이다. 그러면 전체가 11달러가 되므로 계산이 맞다!

네 가지 주요 요구 사항

우리는 지나치게 복잡한 환경에 산다. 그렇기에 크게 노력하지 않아도, 가능한 한 최상의 행동을 해야 한다. 판단 휴리스틱은 이러한 필요성에 부응한다. 편향된 휴리스틱인 인지 편향은 주로 다음 네 가지 요구를 달성하기 위해 나타난다.

첫 번째, 빨리 행동하기 위해서이다. 대개 올바른 결정을 내려야 할 때는 하나부터 열까지 따져볼 만한 시간이 충분하지 않다. 그래서 뇌에는 우리가 당황한 채 가만히 있지 않도록 빠른 결정을 내리는 가속 장치가 있다. 물론 가끔 너무 빨라서 탈이지만 말이다!

두 번째, 정보의 과잉을 제한하기 위해서이다. 우리를 둘러싼 세상에는 정보가 지나치게 많다. 거기에 짓눌리기 싫다면 가장 유용해 보이는 정보만 선별할 수 있어야 한다. 하지만 가끔은 정보를 엉터리로 선별해 하나마나한 결과를 낳는다!

세 번째, 의미를 찾기 위해서이다. 세상을 이해하고, 내가 내린 결정을 정당화하기 위해서는 모든 것에 의미를 둘 필요가 있다. 다행히 뇌는 공백이 있으면 저절로 채우고, 모든 것을 연결하고, 이론을 세우거나 이야기를 만든다. 단, 머리를 쥐어뜯어야 한다!

   네 번째, 기억을 단순화하기 위해서이다. 효율적이고 빠르게 행동하려면 기억이 꽉 차면 안 된다. 그러나 기억해야 할 것은 많고 인간의 저장 능력은 무한하지 않다. 그러므로 다른 기억에 비해 '유용한' 기억을 중요시해야 한다. 다른 기억은 희미해져도 괜찮다.

왜곡된 안경을 낀 뇌

인지 편향은 앞의 네 가지 요구에 부응하고자 한다. 그래서 현재나 기억 속 과거에서 정보를 선별한다. 그리고 위계를 세우고, 수정하고, 철저히 지어낸다. 시스템 1은 계기판을 사용하기 편하도록 전체적인 환경을 단순화한다. 시스템 1과 시스템 2의 작동 방식은 근본적으로 다르지 않다. 우리는 심사숙고할 때도 중요한 정보에 집중하며 단순화하려고 노력하기 때문이다. 하지만 시스템 1은 의지와 무관히 저절로 그렇게 작동하며, 원래 정보를 임의로 수정한다.

우리가 정보를 접할 때는 이미 '정리된 상태'다. 인지 편향을 이해하는 것이 중요한 이유도 이런 이유에서다. 인지 편향은 벗을 수 없는 왜곡된 안경과 같다. 그래서 정치인들과 언론이 우리를 세뇌했음을 깨달아도 거기서 벗어나지 못한다. 뇌가 감언이설로 더 속이기 때문이다! 인지 편향은 마치 전체주의 정부의 성실한 선전부 직원처럼 행동한다. 내가 생각하기에 이득이 되는 방향으로 사건을 몰아가는 것이다. 이때는 항상 같은 노선을 유지하며 사건을 비틀고, 현실을 정리한다. 그렇게 하려고 한 것이 아닌데도 어쩔 수 없다.

당신의 생각을 믿지 마세요!

인간, 어리석음과 공존하다

인지 편향을 연구하는 것은 인간이 왜 이렇게 어리석은지, 왜 똑같은 상황에서도 같은 실수를 반복하는지 이해하기 위한 것이다. 어리석음은 판단력 부족에서 발생하지 않는다. 우리가 어리석은 생각을 하는 이유는 어떠한 문제를 고심하려 해도 판단 시스템이 이를 저지하기 때문이다.

판단 시스템은 경쟁심이 강하고, 지칠 줄 모른다. 그리고 묻지도 않고 단칼에 결론을 내 버리는 나쁜 강박증이 있다. 자동적으로 이처럼 해 버리는 성향이 있다. 바로 시스템 1 이야기다. 시스템 1은 조상들이 거친 환경 속에서도 살아남게 해 주었다. 그리고 경쟁자를 밀쳐 내기 위해 타인과 자기 자신에게 허풍을 늘어놓게 했다.

이러한 편향된 판단 휴리스틱은 과거 수백 년 간 수렵과 채집으로 살던 시절에는 도움이 되었다. 그러나 복잡한 현대인의 삶 앞에서는 한계를 보인다. 예를 들어 확률과 통계를 수정하는 것처럼 합리적인 결정을 내려야 할 때 그렇다. 어떤 면에서 인간은 합리적으로 행동하게 만들어지지 않았기 때문이다. 합리적으로 행동하면 피곤해진다는 게 그 증거다! 잘못된 믿음이라도 편하고, 즉각적이며, 몸에 이롭다면 잘못된 믿음에 집착하게 된다. 그러면서 발 빠르게 결정을 내린다. 그렇게 해야 더 '자연스럽지' 않은가.

기나긴 투쟁의 역사

결국 그동안 인간 지능은 인지 편향의 영향을 완화하기 위해 매일 반복되는 기나긴 투쟁을 벌여 왔다. 편견과 선입견, 확인되지 않은 고정 관념과 짐작, 착각과 환상, 맹목성, 즉 쉬운 것만 추구하는 지능의 나태함과 맞섰다. 이것은 시스템 1에 대항하는 시스템 2의 투쟁이다. 고대 철학자와 도덕가들은 인간들에게 나약함에서 발생하는 실수, 순간적으로 판단을 잘못하는 실수를 뛰어넘으라고 충고했다. 무언가 잘못되어 있다는 것을 제대로 알아본 것이다. 하지만 당시에는 실험에 근거한 과학적 근거가 없었으니, 시스템 1과 시스템 2의 존재를 입증할 수는 없었다. 게다가 이것이 얼마나 깊숙이 들어와 있는지도 몰랐다.

인간의 정신은 실수를 저지르는 것이 아니라 실수를 하도록 프로그래밍 되어 있다. 여기에는 미묘한 차이가 있다! 그래서 대부분의 주요 철학 사조는 인지 편향의 실질적인 힘은 모른 채, 이를 상대로 싸우기 위한 경험적인 방법들을[07] 제안

---

07 이를 편향 오류 제거라고 부르기도 한다.

했다. 판단을 내리기도 전에 인지 편향이 방해를 하며 개입한다는 것을 알게 된 것은 얼마 되지 않았다. 결론은 인지 편향은 모든 인지 기능의 근원에 개입한다는 것이다. 그러므로 인간은 책임이 없다. 인지 편향을 잠재우는 것은 불가능하다. 그러므로 인지 편향이 하는 말에 귀 기울이지 않거나, 소리를 질러도 '무시하는 방법'을 찾아야 한다.

너 자신을 알라

인지 편향을 저지하기 위해서는 두 가지 해결책이 있다.

첫 번째, 교육이다. 교육은 가장 고전적인 방법이면서도 가장 효과적인 방법이다. 교육은 지능을 발달시킨다. 이는 다르게 말하면 시스템 1을 잠재울 수 있는 유일한 존재인 시스템 2를 단련시킨다.

두 번째, 정직한 자기 성찰이다. 이는 판단 휴리스틱이 저지르는 실수를 최소화해 준다. 여기에 자기비판이나 분석 같은 원하는 이름을 붙여도 좋다. 하지만 결과는 보장하지 못한다. 스스로 자신의 인지 편향을 가늠하는 것은 불가능하다. 이는 식당 종업원에게 '오늘의 메뉴'가 맛있는지 물어보는 것만큼이나 당연하다. 스스로 심판이자 선수가 되어 공정한 판정을 내리려는 것처럼 보이지만, 실은 자신의 평판을 손상시키라는 것과 다를 바 없다.

그렇다. '편향 맹점'을 비롯한 여러 인지 편향은 우리가 이 편향들 때문에 고생하고 있다는 것을 잊게 한다!

집단의 비-어리석음

　결함이 있는 판단 휴리스틱에 대처하기 위한 좋은 해결책은 집단 지성에 체계적인 도움을 구하는 것이다. 우리를 보완해 주는 것은 인지 편향으로 가득 찬 타인이다!

　중요한 결정을 내릴 때 위험을 줄이고 싶다면 순발력을 발휘하여 동료들에게 의견을 묻자. 우선 동료들은 의견을 내기 좋아한다. 그리고 여러 개의 뇌가 모이면 한 개의 뇌보다 언제나 더 낫다. 단, 의견을 구할 때는 당신이 어떤 결정을 내리고 싶은지 말하면 안 된다. 그러면 동조하거나 반대하는 이들의 인지 편향을 유발하게 된다. 그냥 의견을 주의 깊게 듣자. 그들은 당신이 어리석은 행동을 하지 않도록 도와줄 것이다.

　혼자보다 다수일 때 서로의 인지 편향이 상쇄되어 어리석은 실수를 줄일 수 있다. 다만 여러 명이 모였다고 더 똑똑해지는 것은 아니다. 그저 덜 어리석어질 뿐이다. 하지만 그것만 해도 이미 대단한 일 아닌가!

제2장

인지 편향, 그것이 궁금하다
― 24가지 인지 편향 알아보기

GROUP 1 ::: **정보 추리기**

틀 효과

√ **나는 왜 사람들이 문제를 내는 방식에 따라 민감하게 반응할까?**

◇◇

사람의 겉모습만 보고 빠지는 사람은 정말 바보다.

— 프랑스 속담

이길 가능성이 25퍼센트인 게임과 질 가능성이 74퍼센트인 게임 중 어떤 걸 하고 싶은가? 대뇌 피질이 벗겨진 게 아니라면 당연히 이길 가능성이 25퍼센트인 게임을 선택할 것이다. 유감스럽게도 이길 수 있는 가능성이 조금 더 많은 게임은 바로 '질 가능성이 74퍼센트인 게임'이다. 하지만 이 게임은 의욕을 불러일으키지 않는데, 이는 **틀 효과**와 정면충돌하기 때문이다.

◆ **이것은 무엇일까?**

문제가 어떤 방법으로 제시되었는지에 따라, 내가 내리는 결정에 영향을 미치는 경향이다.

◆ **이것이 왜 편향일까?**

문제를 올바로 해결하려면 '문제가 제시된 방법'이 아니라 '문제의 본질'을 고려해야 하기 때문이다.

◆ **어떤 실험**

틀 효과는 카너먼과 트버스키가 1981년에 한 실험으로 입증했다.

당신은 보건부 장관이 되었다. 그런데 때마침 전염성이 강한 질병이 발생했다. 예측에 따르면 사망자 수가 6백 명에 달할 수도 있다고 한다. 그러니 신속하게 판단하여 대처해야 한다. 여기서 선택할 수 있는 방안은 두 가지다.

첫 번째, 보건 계획 A는 2백 명을 살릴 수 있다.

두 번째, 예방 캠페인 B는 4백 명을 사망하게 할 수도 있다.

당신은 이 두 가지 중 어떤 안을 선택하겠는가? 바보가 아니라면 즉시 A 계획을 선택하여 시행할 것이다. 4백 명의 생명을 위험에 처하게 하는 것보다 2백 명의 생명을 구하는 편이 훨씬 낫기 때문이다.

하지만 그렇지 않다. 사실 위험 부담은 똑같다. B 캠페인으로 4백 명이 사망할 가능성이 있다는 것은 최소한 2백 명은 죽지 않는다는 의미다. 이는 A 계획과 정확히 같다. 이 실험은 본질이 같을지라도 우리가 사망의 위험에 처하게 만든다는 계획보다, 생명을 구한다는 계획을 더 선호하는 경향이 있음을 알려 준다.

◆ **어떻게 작동할까?**

말은 무게감을 지니고 있다. 그렇기에 문제를 인지하는 큰 틀을 세우도록 한다. 해당 단어와 연관된 맥락, 감정 혹은 가치도 마찬가지다. 인간의 뇌는 냉철하고 이성적으로 기능하기 어려워하므로, 간단한 문제일 때에도 말의 영향을 받는다.

그래서 문제가 복잡하다거나 상황과 분리하기 힘들다면 당연히 틀 효과를 이기기 힘들다.

◆ 틀 효과를 어떻게 피할까?

우리는 이제 인간의 뇌가 상황에 영향을 받는다는 사실을 알았다. 그러니 항상 문제를 다른 맥락에서 보려고 노력해 보자. 과연 처음 생각했던 결과와 같을지 확인해 볼 수 있을 것이다. 틀 효과를 막으려면 서로 달라 보이는 상황들을 일반화하려는 별도의 노력을 기울여야 한다. 그리고 무엇보다 다른 사람들에게 의견을 구해야 한다. 관점이 넓어질수록 틀 효과도 다양해지면서 자신의 틀이 확장되기 때문이다!

확증 편향

√ **틀렸는데도 왜 내가 옳다고 주장하는 걸까?**

아, 이봐, 종합적으로 생각해 보면
우리가 정말 인도에 도착한 것이 분명해.
인도 식당도 찾았고 치즈 난도 사 먹었잖아.

― 크리스토퍼 콜럼버스

친구가 틀렸다고 설득하는 것은 매번 왜 이렇게 힘들까? 그는 왜 자신에게 유리한 주장만 내세우며 고집을 부릴까? 왜 반대 주장은 고려하지 않을까? 죽는 날까지 인도를 발견했다고 확신한 크리스토퍼 콜럼버스처럼 말이다. 진심인 걸까, 아니면 일부러 그러는 걸까? 정말 내 친구는 맞는 걸까?

잠깐! 화를 내기 전에 당신이나 친구가 **확증 편향**의 희생양이 되었을지 모른다는 것을 알아 두자.

◆ **이것은 무엇일까?**

우리가 세운 가설을 확인시켜 주는 정보만 중시하고, 반대 정보는 무시하는 경향이다.

◆ **이것이 왜 편향일까?**

나에게 유리한 정보일지라도 그것이 최상의 정보는 아니다. 그러므로 그 정보를 중요시할 이유는 없다.

◆ **어떻게 작동할까?**

인간의 뇌는 어떤 문제에 대해 심사숙고하기 전에 먼저 가설을 세운다. 이는 좋지 않은 경향이다. 왜냐하면 이 가설에 힘을 실어 주는 정보만 선택하고 다른 정보는 멀리 하기 때문이다. 사실 이렇게 하면 훨씬 편하기는 하다. 어떤 정보를 찾을지 어느 정도 미리 방향이 정해졌으므로, 불리한 정보는 쳐다보지도 않으면 된다. 이러한 인지 편향의 결과 뇌에는 그 사람이 찾는 정보만 보인다. 오래된 믿음일수록 그 믿음을 굳게 다져 주는 정보만 중요시하기 때문에, 오류를 굳이 수정해야 한다고 느끼지 못한다.

◆ **어리석은 음모론자들**

음모론자나 어떤 경향을 맹신하는 이들은 확증 편향이 절

정에 달해 있다. 그들은 자신의 이론을 뒷받침해 주는 정보에만 매달리고, 다른 정보는 외면한다. 어떻게 보면 믿음이 무척 강해 보인다. 이는 자신이 믿는 것을 빼고는 모두 배제했기 때문이다.

◆ **확증 편향을 어떻게 피할까?**

뇌는 가설을 세우기 좋아한다. 그러니 자신이 세운 가설을 확인하기 전에, 반드시 다른 가설들도 함께 살펴보고 넘어가야 한다. 이 임무는 오로지 나 자신에게 달렸다. 항상 반대 의견을 가진 사람의 입장을 떠올려 보며 반대 가설도 고려해 보자. 이는 이른바 '악마의 변호인'[08]을 자처하는 것이다. 물론 효과도 좋다!

---

[08] 가톨릭 교회에서 성인聖人으로 시성될 이를 비판적인 입장에서 조사하는 직책이다. 시성 후보자에 대한 결함까지 찾아내는 임무를 맡아 내부 비판과 견제하는 역할을 한다. 최근 들어 가장 유명한 사례는 마더 데레사 수녀의 시복 때다. 이때 교황청은 평소에 마더 데레사를 신랄하게 비판했던 작가 크리스토퍼 히친스를 '악마의 변호인'으로 선정했다. ― 편집자 주

편향 맹점

√ **왜 나의 인지 편향을 인지하지 못할까?**

나 스스로를 바라보면 가슴이 아프다.
나 스스로와 비교하면 위안이 된다.

— 샤를 모리스 드 탈레랑 페리고르

"저한테 인지 편향이 있다고요? 심심하신가 보죠? 지금 당신이 들고 있는 이 책을 쓰고 나서 저는 인지 편향에서 자유로워졌어요. 해방됐다고요! 만일 저한테 인지 편향이 남아 있다고 해도 이를 알아차리는 방법은 간단해요. 전 인지 편향을 즉시 알아차릴 거예요!"

이 책의 저자처럼 인지 편향을 연구하는 사람들은 때때로 자신감이 지나치다. 그래서 편향의 편향인, **편향 맹점**에 노출될 위험이 있다.

◆ **이것은 무엇일까?**

우리가 다른 사람들보다 인지 편향이 덜하리라고 확신하

는 경향이다.

◆ **이것이 왜 편향일까?**

자신이 이러한 경향이 있다는 것을 모르기 때문이다. 어쩌면 이를 모른다는 것도 거짓일지 모른다.

◆ **어떻게 작동할까?**

편향 맹점은 생물학 단어 '맹점'에서 유래했다. 맹점은 안구의 망막 중간에 생물체가 빛을 받아들이도록 하는 기관인 '광수용기'가 없어서 보이지 않는 부분이다. 인간의 눈에는 아무것도 보이지 않는 부분이 있다. 그래서 시각적으로 영구적인 맹점이 생기지만 이 사실을 알지 못한다. 인지 편향도 마찬가지로, 내가 편향되었다는 것을 스스로 깨닫지 못한다.

편향 맹점은 다음과 관련이 있다.

첫 번째, 나의 정신 상태를 올바로 인지한다고 믿게 만드는 내성 착각.

두 번째, 어떤 결과에 대해 외부의 관찰자가 부여했을 법한 책임보다 스스로에게 더 많은 책임을 부여하는 우월감 환상과 자기만족 편향 또는 자기 위주 편향.

간단히 말하자면 이 세상에 나만큼 스스로에게 정직한 사람은 없다고 믿는 것이다. 이처럼 우리는 자신의 인지 편향을 감지할 수 없으며, 이 점을 이해하지 못한다. 타인의 눈 속에 있는 티는 보면서도, 정작 내 눈의 들보는 보지 못한다. 우리는 다른 사람보다 더 정의롭고 공평하다고 나 자신을 평가하는 경향이 있다. 그래서 타인이 내 의견에 동의하지 않으면 이를 이해하지 못한다. 또한 그들이 나쁜 의도를 가진 거라고 넘겨짚을 위험도 있다.

◆ **편향 맹점을 어떻게 피할까?**

우리가 자기 성찰을 하려고 해도 인지 편향은 눈을 가려 버린다. 이 점을 명심해야 한다. 그러므로 겸손한 태도를 지니고, 사실에 기반을 두어 판단하도록 하자. 그리고 다시 한번 사실 유무를 따져 보고, 타인의 의견을 한번 더 고려하고 받아들이려 노력해야 한다. 내가 타인보다 훨씬 정직하다니, 그럴 리가 없다!

기준점 편향

√ **우연히 접한 숫자가 어떻게 영향을 줄 수 있을까?**

먼저 가격을 제시한 사람이 지는 것이다.

— 영업의 고정 관념

"뭐? 네가 나한테 6이라고 말한 다음에 질문을 하면, 내가 대답할 때 그 숫자에 영향을 받을 거라고? 그럴 리가 없잖아! 너 나를 바보나 이상한 사람으로 취급하는 거야? 혼나 봐야 정신 차리지? 너랑 네 가족들, 그리고 친구들 여섯 명도 다 혼내 줄 거야!"

피에르는 자신의 자유 의지나 판단을 문제 삼을 때 항상 불같이 화를 낸다. 하지만 피에르도 **기준점 편향**의 희생양이 될 수 있다.

◆ 이것은 무엇일까?

결정을 내릴 때, 뇌에 먼저 들어온 정보에 영향을 받는 경향을 말한다. 그 문제와 전혀 관련이 없는 정보라도 마찬가지로 영향을 준다.

◆ **이것이 왜 편향일까?**

오로지 문제와 관련된 정보만 고려해야 하기 때문이다.

◆ **어떻게 작동할까?**

카너먼과 트버스키는 한 가지 실험을 했다. 사람들에게 전화번호 마지막 두 자리 숫자가 무엇이냐고 묻거나, 아무 숫자나 생각해 보라고 했다. 그 뒤에 "마하트마 간디는 몇 살에 사망했을까요?" 또는 "가장 큰 세쿼이아 나무의 높이는 얼마일까요?" 같은 질문을 했다(이때 질문은 크게 중요하지 않다). 놀랍게도 피험자들은 질문에 답할 때 이전에 생각했던 숫자에 영향을 받았다. 그 숫자가 큰 숫자였으면 대답한 숫자도 컸고, 작은 숫자였으면 대답한 숫자도 작았다. 물론 평균적으로 그랬다.

이처럼 어떤 숫자 하나를 잠시 동안이라도 접하면 선택에 영향을 받는다. 자신만만한 인간의 자유 의지가 약간 부끄러워할 일이다. 카너먼과 트버스키는 방법을 달리하여 다시 실험해 보았다. 결과는? 빙고! 피험자들은 역시 먼저 접한 숫자에 영향을 받았고, 그 숫자가 배의 닻과 같은 역할을 했다. 배는 항구에 닻을 내리면 그 주위를 맴돌 뿐, 멀어지지 않는다.

기준점 편향은 한 가지 정보를 기준으로 삼는다. 이때는 앞서 말했듯 먼저 들은 정보가 기준이 된다. 세일 기간이나, 레스토랑에서 메뉴를 고를 때 이 편향이 개입한다. 협상을 할 때도 그렇다. 기준점 편향에 따르면 먼저 가격을 제시한 사람이 유리한 고지를 선점한다. 그가 선택한 금액 선에서 협상의 '닻'이 내려지기 때문이다.

기준점 편향은 점화 효과와도 관련이 있다. 점화 효과는 떨쳐 내기 어려운 첫인상이라는 미끼에 물린 상태다. 그렇다! 인간의 정신은 첫인상이나 첫 번째 가치에 집중하는 경향이 있다. 그래서 새로운 정보를 접해도 받아들이기 어려워한다. 첫 번째 정보에 이미 닻을 내렸기 때문이다.

◆ 기준점 편향을 어떻게 피할까?

이 문제의 해결책은 다른 닻을 발견하거나 기존의 닻과 정반대 주장을 찾는 것이다. 모든 인지 편향이 그렇지만, 기준점 편향을 알았다고 이 오류에 빠지지 않으리라는 법은 없다. 하지만 원하지 않던 닻을 다른 것으로 대체하려고 노력하며 즐길 수는 있다.

GROUP 2 ::: 방향 찾기

낙관주의 편향

√ 왜 나 정도면 그래도 괜찮다고 생각하는 걸까?

살면서 걱정할 필요 없네

나는 걱정하지 않네

모든 자잘한 불행들은 다 지나가네

모두 정리되네

— 모리스 슈발리에의 샹송, 〈살면서 걱정할 필요 없네〉

"코로나바이러스에 확진될 수 있다고요? 제가요? 훗, 그럴리가요. 에센셜 오일과 함께라면 절대 그럴 일 없어요."

비르지니의 어리석은 낙관주의는 점점 심해졌다. 그러다 코로나에 확진됐고, 결국 호흡기에 의지해 심폐 소생술을 받아야 했다. 하지만 이런 사실도 만사를 낙관적으로 보려는 인간을 막지 못한다. 왜냐하면 그럴 이유가 없을 때에도 늘 낙관적으로 생각하기 때문이다. 이것은 정상이다. **낙관주의 편향**에 의해 프로그래밍 되어 있기 때문이다.

◆ **이것은 무엇일까?**

나에게는 다른 사람에 비해 나쁜 일이 닥칠 위험이 적다고 믿는 경향이다.

◆ **이것이 왜 편향일까?**

누구나 똑같이 나쁜 사건에 노출되기 때문이다.

◆ **어떻게 작동할까?**

낙관주의 편향이란 나를 제외한 타인에게만 나쁜 일이 닥친다고 믿는 경향이다. 우리는 나에게는 나쁜 일이 생기지 않

을 거라고 믿는다. 자신의 운은 과대평가하지만, 위험은 상대적으로 과소평가하는 것이다. 그래서 코로나바이러스가 기승을 부려도, 나는 확진되지 않을 거라고 믿으며 마스크를 쓰지 않기도 한다.

또한 이러한 편향을 지닌 사람들은 자신을 타인과 비교할 때 '그래도 내가 더 낫지!'라고 생각한다. 이는 우리가 다른 사람보다 나 자신에 대해 더 많이 알고 있기 때문이다. 타인의 정보 수집 능력과 통제 능력은 낮게 평가하는 것이다. 이처럼 대부분의 사람은 자기 자신이 평균보다 더 우위에 있고, 선입견이 없으며, 친절하고, 줏대가 있고, 유능하다고 생각한다.

이러한 낙관주의 편향은 '편향 맹점', '자기 위주 편향', 또는 '공정한 세상 가설'과 같은 편향과 어깨를 나란히 한다.

◆ **현실주의**

낙관주의와 지나친 자신감은 인류 역사의 원동력이 되어 주기도 했다. 하지만 많은 사람들이 낙관주의로 향하던 길에서 더 나아가 버리곤 한다. 그럼에도 불구하고 대니얼 카너먼은 "낙관주의는 다소 기만적인 측면이 있을지라도 행동을 해야 할 때는 도움이 될 수 있다."[09]라고 말했다. 그리고 "낙관 편향은……, 아마도 가장 중요한 인지 편향일 것이다."[10]라고 결론 지었다.

그렇다. 낙관주의는 타인에게 좋든 나쁘든 간에 가장 많은 영향을 미친다. 물론 걸림돌이 될 때는 사람들에게 무모한 위험을 감수하게 하거나, 예방책이나 방어막이 되어 주는 행동을 가볍게 여기도록 부추긴다. 특히 사춘기 시절에는 더 그렇

---

09 대니얼 카너먼 지음, 《생각에 관한 생각: 우리의 행동을 지배하는 생각의 반란》, 이창신 옮김, 김영사, 2018, 381쪽. — 편집자 주
10 위의 책, 379쪽. — 편집자 주

다. 하지만 낙관주의 사고 방식을 지닌 이들은 아이러니하게도 삶의 질이 높다. 그 점에서 보면 낙관주의 편향은 축복이다! 낙관주의가 경솔함과 만나지 않는다면 비관주의보다는 바람직하다.

◆ **상대적 낙관주의 편향을 어떻게 피할까?**

이제 관건은 현실 감각을 유지하면서 낙관주의를 조절하는 것이다. 이때 지나치게 냉철해지지 않도록 주의해야 한다. 낙관주의 편향은 어떤 면에서는 굉장히 바람직하기 때문이다. 낙관주의 편향이 과해지지 않도록 하려면 현실을 자세히 들여다보아야 한다. 그리고 타인과 정보를 공유하는 데에서 출발해야 한다. 한 가지 덧붙이자면, 버지니아 경우처럼 힘든 일을 직접 겪었을 때에는 낙관주의 편향이 좋은 방향으로 완화된다.

클러스터 착각

√ 생각지도 못한 일이 일어난 것을 왜 우연이라고 여기지 못할까?

성가신 일들은 항상 편대 비행을 하며 몰려온다.

— 자크 시라크

"그때는 내가 하는 일마다 잘 됐고, 정말 대단했지. 연쇄 추돌 사고를 당했는데도 머리카락 한 올 다치지 않았고, 우연히 파트릭을 다시 만났고, 길에서 돈도 주웠어. 이게 다 운에 맡기라는 계시야, 계시!"

가끔 뉴스를 보면 성공 가도를 달리던 연예인이 완벽한 수익을 약속한다는 사업에 손 댔다가 파산하는 일이 보도된다. 또는 운때가 돌아왔다며 덜컥 일을 벌이는 사람들도 본 적이 있을 것이다. 이러한 일 가운데에는 **클러스터 착각**이 개입된 경우가 많다.

◆ 이것은 무엇일까?

생각지도 못한 사건들이 연이어 일어나는 것을 우연 때문만은 아니라고 믿는 경향이다.

◆ **이것이 왜 편향일까?**

그 사건들은 우연히 일어났기 때문이다.

◆ **우연에 맡기다**

운에 맡기는 게임을 할 때, 인간의 뇌는 각각 다른 별개의 사건을 하나의 사건처럼 연관 짓는다. 예를 들어 동전 던지기 게임을 할 때가 그렇다. 네 번 다 같은 면이 나온다면, 다섯 번째 던질 때는 다른 면이 나올 가능성이 높다고 생각한다. 하지만 그렇지 않다. 이번에 던진 동전이 같은 면일 가능성은 언제나 반이다. 마찬가지로 로또를 사는 사람들 대다수는 연속되는 숫자에 절대로 돈을 걸지 않는다. 무작위 숫자가 더 당첨될 확률이 높다고 생각하기 때문이다.

◆ **어떻게 작동할까?**

인간은 우연을 이해하는 데 있어서 열등생이다. 우선 계산에서부터 애를 먹는다. 확률을 따지는 것은 사실 피곤하다. 그래서 여기저기에서 우연의 일치를 찾고, 여러 사건을 한데

엮으려고 한다.

정리하면 클러스터 착각은 이러한 지향성에서 비롯된다. 어떤 일이 일어나는 것은 절대로 우연이 아니며 어딘가에 감춰진 의도나 이유가 있다고 생각하는 강박 관념이 발동한다. 하지만 정말로 특별한 일을 겪으면 '우연보다 더 중요한 이유가 있다'는 생각은 잊고 만다. 결국 그러한 일은 우연히 일어난 일이 되고 만다!

◆ **클러스터 착각을 어떻게 피할까?**

뇌는 연관이 없는 것들을 저절로 연관 짓는다. 어떤 상황이든지 상황을 객관적으로 분석하고 자세히 알아보려고 노력해야 한다. 이를 위해 다음을 잊지 말도록 하자.

첫 번째, 어떤 일이 꼬리에 꼬리를 물고 이어진다는 생각이 들더라도 서로 연관된 것은 아니다. 그저 우리 뇌가 그렇게 느낄 뿐이다. 예를 들어 행운이 연달아 찾아 오더라도 그 형태는 각기 다르지 않은가.

두 번째, 정말로 어떤 일이 꼬리에 꼬리를 물고 이어진다고 해도 우연이거나 확률에서 비롯된 것이다.

세 번째, 따라서 여기에 근거해서 어떤 결정을 내리면 절대로 안 된다. 이렇게 내리는 결정은 대부분 잘못된 결정일 확률이 높다. 만약 상황이 좋게 풀렸다고 한다 해도 나중에 똑같은 상황에서 큰 실수를 하게 될 수 있다. 그러니 이런 식으로 결정하는 것은 피해야 한다.

공정한 세상 가설

√ 나는 왜 그 사람에게 마땅히 일어날 일이라고 생각할까?

지상에 공짜는 없다. 모든 것은 대가를 치른다.
선이든 악이든 먼저든 나중이든 그 값을 치러야 한다.
선이 훨씬 비싸다. 당연하지만.

— 루이-페르디낭 셀린

왜 미셸 삼촌은 식사가 끝날 때쯤 술에 취해 "뿌린 대로 거두는 거야!"라는 말을 되풀이했을까? 과학적인 증거가 분명히 있는데도 왜 착한 행동을 하면 항상 복을 받고 나쁜 행동을 하면 벌을 받는다고 굳게 믿을까? 오랫동안 실업자로 지낸 후 왜 더 부정적인 사람이 되었을까? 바로 미셸 삼촌이 **공정한 세상 가설**의 희생양이 되었기 때문이다.

◆ 이것은 무엇일까?

누군가에게 마땅히 일어날 일이 일어났다거나, 그 사람이 그런 일을 겪는 것은 당연하다고 생각하는 가설이다.

◆ **이것이 왜 편향일까?**

이 가설은 틀렸기 때문이다.

◆ **공정하다는 착각**

1960년대에 미국의 사회 심리학자 멜빈 J. 러너는 자신이 한 실험에서 놀라운 결과를 발견했다. 잔인하게 전기 고문을 받는 사람을 본 피험자들이 되려 전기 고문을 받은 사람을 비난하는 태도를 보인 것이다. 비슷한 예로 간호사들이 환자를 헐뜯거나, 학생들이 가난한 사람을 은근히 무시하는 경향을 들 수 있다. 범죄로 피해받은 사람들을 비난하는 경우도 같은 예다. 또한 제비뽑기에서 진 사람보다 이긴 사람을 좋게 평가하는 경우도 마찬가지다.

러너는 오랜 연구 끝에 하나의 이론을 도출해 냈다. 인간의 정신은 세상이 공정하다고 믿으며, 우연히 일어난 일이라도 '모든 일은 일어날 만한 일이다.'라고 믿는다는 이론이다. 하지만 세상은 공정하지 않다는 정반대의 증거가 많다. 그리고 우주도 정의가 존경받도록 힘을 발휘하지도 않는다. 만약 이런 힘이 존재한다면, 우주가 제 임무를 제대로 다하고 있지 않은 것이리라. 역사상 최악의 학살자였던 스탈린과 마오쩌둥이 자신의 침대에서 편안히 눈을 감았던 것을 생각해 보라.

◆ 어떻게 작동할까?

인지 편향은 불공정, 고통, 맹목적인 우연이 연출하는 장면을 견딜 수 있도록 인간을 돕고자 한다. 그래서 의미 없는 곳에 의미를 부여하도록 노력한다.

우리는 심리적 안정을 유지하려고 어떤 일의 책임이 조금은 피해자에게 있다고 믿고 싶어 한다. 또한 피해자의 고통과 나의 고통이 대부분 의미가 없다는 것도 인정하지 않는다. 그리고 이런 일이 내 손을 벗어나 역사, 사회, 경제, 심리 혹은 자연의 힘 때문에 일어났다고 인정하려 하지 않는다.

공정한 믿음 가설 편향 때문에 가난한 사람들, 에이즈 환자나 실업자들이 스스로 불행을 자초했다고 판단한다.

◆ 공정한 세상 가설을 어떻게 피할까?

공정한 세상 가설은 나를 보호하기 위해 존재한다. 그러므로 용기를 내어 현실을 냉철히 바라보려고 노력해야 한다. 사실 우리는 내일 죽을 수도 있다. 세상은 의미 없이 돌아가며, 사람들은 자신이 할 수 있는 일을 할 뿐이다.

내게 닥치는 성가신 일은 대부분 올바른 선택이나 나쁜 선택의 결과가 아니라 우연에 가깝다. 우리가 탄생할 때 유전적으로 물려받은 것 모두가 우연이다. 운명이란 없다. 그러니 용기를 내자!

기본적 귀인 오류

√ 나는 왜 사람들의 성격이 행동으로 나타난다고 생각할까?

아빠, 있잖아,

텔레비전에서 사람들한테 물어보는 저 아저씨 말이야,

아빠는 저 아저씨가 정답을 다 안다고 생각해?

— 테오, 8살

왜 모르는 사람이 화를 내면 제대로 배우지 못했다고 믿을까? 왜 공연에서 악역을 맡은 배우가 실제로 조금 나쁜 사람이라고 생각할까? 왜 퀴즈 프로그램 진행자가 평균보다 교양이 높다고 믿는 경향이 있을까? 이는 **기본적 귀인 오류**의 희생양이 되었기 때문이다.

◆ 이것은 무엇일까?

사람들의 행동을 설명할 때 성격 같은 개인적인 요인들을 과대평가하고 상황을 과소평가하는 경향이다. 대체로 그들이 그런 사람이기 때문에 그렇게 행동한다고 믿는다.

◆ 이것이 왜 편향일까?

일반적으로 사람들의 행동을 더 잘 설명하는 것은 성격이 아니라 상황이기 때문이다.

◆ 진행자를 위한 문제들

1977년, 심리학자들은 피험자들에게 텔레비전 퀴즈 프로그램식 놀이에 참여하도록 했다. 누가 문제를 내고 풀지는 제비뽑기로 정했다. 그런데 피험자들은 문제를 푸는 사람보다 문제를 내는 사람이 대부분 더 교양 있다고 판단했다. 이 실험은 누군가의 행동을 판단할 때 상황을 고려하지 않고, 원래 그렇게 행동하는 사람이라고 혼동한다는 것을 잘 보여 준다. 이렇게 우리는 외부 요인(상황)보다 내부 요인(성격)을 중시한다.

◆ 어떻게 작동할까?

사실은 우리도 잘 모른다. 확실한 것은 인간은 본능적으로 누군가의 성공을 그의 장점과 연관시키고, 실패는 단점과 연관시키기를 선호한다. 또한 어떤 사람의 행동을 설명할 때, 그의 의도를 잘 모르면서도 처한 상황보다는 의도를 더 중시하는 경향이 있다. 그러면서 우연이나 환경의 역할은 자꾸 잊어버린다.

　이런 오류는 한 기업의 실패와 성공을 대표 이사가 유능하거나 무능해서 그렇다고 여기는 태도에서도 드러난다. 하지만 현실은 이처럼 간단하지 않다. 우리가 이 오류를 범할 때, 이 편향은 자기 위주 편향과 결합한다. 그래서 내 성공은 확실히 나의 장점 때문이고, 실패는 우연이라고 생각한다. 놀랍지 않은가?

◆ **기본적 귀인 오류를 어떻게 피할까?**

　그 사람과 똑같은 상황에 처했을 때 '나라면 어떻게 했을까?'라고 생각해 보자. 상대의 입장에서 생각해 보는 것이다. 이는 솔직하게 상황을 분석해 보겠다는 뜻도 된다. 예를 들어 같은 장소에서 넘어진 사람이 여럿이라는 말을 들었다고 가정해 보자. 만약 그랬다면 그들이 덜렁대서 그런 게 아니라, 넘어질 수밖에 없는 상황이었을 거라고 생각하는 것이다. 그러면 그곳을 지날 때 조심할 수 있다.

권위자 편향

√ 나는 왜 특정 상황에서 복종할까?

누가 너한테 창문에서 뛰어내리라고 하면 그렇게 할 거니?

— 우리 엄마(저자가 어렸을 때)

"난 말이야, 사장이 뭐라 말하면 시키는 대로 하고 아무 생각도 하지 않아. 그리고 관심도 안 가져. 우리 회사 사람들이 전부 나처럼만 하면 모든 일이 빨리 돌아갈 텐데! 뒷담화 하느라 시간을 허비하는 일도 없을 거고!"

엔조는 왜 그렇게 권위를 존중할까? 어리석은 지시에도 왜 그토록 쉽게 복종할까? 엔조의 자유 의지는 도대체 하는 일이 뭘까? 그는 줏대가 없는 사람일까? 엔조에 대해 가혹하게 판단하기 전에 그가 단지 **권위자 편향**의 희생양이 되었다고 생각해 보자.

◆ 이것은 무엇일까?

권위가 있다고 여겨지는 사람이 낸 의견의 가치를 과대평가하는 경향이다.

◆ **이것이 왜 편향일까?**

먼저 그 사람은 실제로는 권위가 없을 수도 있기 때문이다. 또한 권위가 항상 유능함을 보장하지는 않는다.

◆ **전류가 흐른다**

미국의 사회 심리학자 스탠리 밀그램은 1960년부터 1963년경에 한 실험을 진행했다. 이때 실험자에게는 연구원 가운을 입혔다. 그리고 피험자들에게는 모르는 사람에게 문제를 내고, 틀린 대답을 하면 전류를 흘려보내는 스위치를 누르라고 했다. 이때 '모르는 사람'은 고통스러운 연기를 하는 조건으로 보수를 받은 배우들이었고, 전류는 가짜였다. 물론 감전을 시키는 사람들은 자신이 피험자인지 몰랐다. 이 실험은 피험자들이 양심의 가책을 받더라도, 합법적 권위에 얼마나 복종하는지 평가하기 위해서였다. 수차례 실험 끝에 나온 결과는 놀라웠다. 피험자들은 실험자에게 65퍼센트에 가까운 복종률을 보였다! 일부는 치사량의 전류를 흘려보내는 스위치까지 눌렀다.

◆ 어떻게 작동할까?

인간은 자신의 욕구가 지배자의 욕구와 충돌할 때, 욕구를 억누르며 복종한다. 이는 인간의 단결력을 강화해 준다. 만약 복종이 없다면 싸움이 끊이지 않고 일어날 것이고, 결국 그 공동체는 위험에 빠질 것이다. 인간에게 복종이란 책임을 양도하는 것이다. 그래서 각각의 개인은 누군가의 권위 아래 행동할 수 있게 된다. 자신의 책임을 덜어내면 양심과 타협하는 것은 더 쉬워지고, 심리적 긴장도 낮아진다.

◆ **권위자 편향을 어떻게 피할까?**

스스로에게 두 가지 질문을 해 보자.

첫 번째, 나에게 의견을 낸 사람에게 실제로 권위가 있을까? 흰 가운을 입었다고 유능한 과학자일까? 텔레비전에서 '전문가'라는 호칭을 붙였다고 해서 그들이 권위자는 아니다. 이는 모든 분야에서 그렇다.

두 번째, 권위가 있다는 사람들이라도 그가 자신의 주장을 제대로 설명하지 못한다면 그 의견은 그다지 가치가 없다. "내 말을 믿으세요. 여러분에게 말하는 사람이 나, 아무개 교수니까요!"라는 권위적인 주장을 받아들이는 것은 대단히 위험한 일이다.

후광 효과

√ 나는 왜 첫인상을 믿을까?

조지 클루니가 광고 모델로 나온 커피가 맛있을 거 같고,
그가 왠지 커피 전문가일 것 같은 느낌이 들더라고요.
왜냐고요? 글쎄요, 조지 클루니잖아요!

— 바네사

일인자가 월등하게 돈을 더 많이 버는 게 당연하다. 첫 만남에는 제시간에 도착하고 잘 차려입는 것이 낫다. 안경을 쓰면 더 지적인 분위기가 난다. 터무니없는 제품을 판매하면서도, 광고 모델로는 영화배우가 적당하다.

'외모로 사람을 판단하면 안 된다'는 말을 항상 되새기면서도 왜 이러한 편견을 갖게 되는 걸까? 이런 의문이 떠오르는 것은 당신이 **후광 효과**의 희생양이 되었기 때문이다.

◆ 이것은 무엇일까?

짧은 시간 동안 첫인상에서 받은 정보 중, 몇 가지만 선택

해 어떤 사람이나 사물의 자질과 특성을 파악하는 경향이다.

◆ **이것이 왜 편향일까?**

올바른 판단을 내리기 위해서는 첫인상만으로는 충분하지 않다.

◆ **첫인상을 믿지 마세요!**

후광 효과는 저절로 강화된다. 우리 뇌는 첫인상과 상반되는 요소를 모두 보이콧해 버리기 때문이다(확증 편향을 참조하라).

◆ **어떻게 작동할까?**

후광 효과는 사람의 모든 성격적 특성이 첫인상과 연관된다고 믿는다. 처음 내린 판단이 긍정적이거나 부정적이라면 나머지도 그렇다고 가정한다. 예를 들어 우리는 잘생긴 사람이 평균보다 더 똑똑하고 정직하며 진지하고 친절하다고 추측하는 경향이 있다. 하지만 잘생긴 외모는 이런 특징과 상관이 없다. 혹은 안경을 쓰는 사람들은 더 교양이 있다고 생각한다. 영화배우 조지 클루니가 모델인 커피 머신 광고를 보고, 그가 잘생겼다는 이유로 커피에 정통하다고 생각할지도

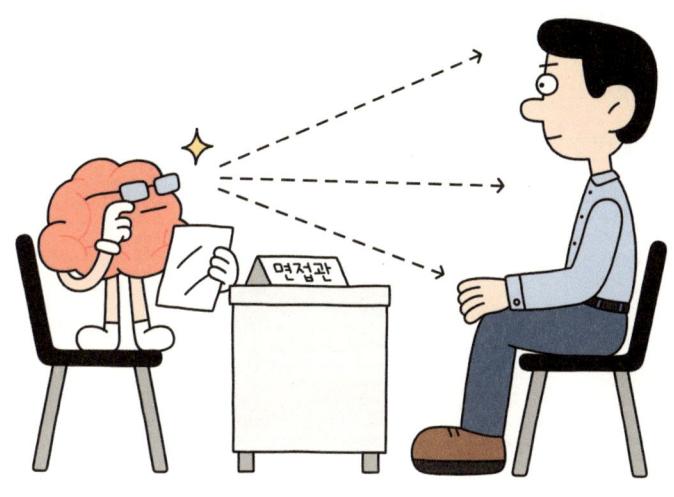

모른다. 하지만 그가 커피 대용으로 마실 수 있는 대표적인 음료인 치커리차만 마실 수도 있지 않은가?

우리 뇌는 저절로 성급한 결론을 이끌어 내는 기계다. 관련도 없는 것을 가지고 일관된 이야기를 만들어 내도록 프로그램 되어 있어 있어서 정보가 부족해도 신경 쓰지 않는다. 그리고 일관된 이야기에 어긋나는 정보들은 던져 버린다. 이게 다 후광 효과 때문이다!

◆ 후광 효과를 어떻게 피할까?

안타깝지만 이 편향을 정면 돌파할 수는 없다. 여기에 휩쓸리지 않는 최선책은 최대한 첫인상에 영향을 받지 않고, 무력하게 만드는 방법을 강구하는 것이다. 예를 들면 블라인드 채용이 그렇다. 이 채용 방식은 채용 담당자가 지원자의 사진이나 출신에 영향을 받지 않게끔 한다.

생존 편향

√ **나는 왜 성공한 사람들이 그렇게 힘들지는 않았을 거라고 생각할까?**

승자의 100퍼센트는 운에 맡겼다.

— 프랑스 국영 복권 회사의 슬로건

친구가 온라인으로 전화번호부를 유통하는 스타트업을 창업하겠다고 한다. 그의 사기를 꺾지 않으면서도, 이 사업이 '제2의 구글'이 될 일은 없으니 적금을 깨지 말라고 설득하기는 왜 이리 어려울까? 이미 몇 년간 수많은 IT 스타트업 회사가 실패했다. 하지만 친구는 자신이 제2의 빌게이츠, 제2의 마크 저커버그가 될 거라며 운을 믿고 싶어 한다. 심지어 "너도 돈 좀 벌고 싶으면 내 사업에 투자해!"라고 말한다!

그에게 흥분을 가라앉히라고 하며 **생존 편향**을 알려 주어야 할 것 같다.

◆ **이것은 무엇일까?**

성공한 사람의 사례에만 집중하여, 자신의 아이디어가 성공할 가능성을 과대평가하는 경향이다.

◆ **이것이 왜 편향일까?**

올바른 평가를 하려면 성공한 사람과 실패한 사람의 비율을 가늠해야 하기 때문이다.

◆ **어떻게 작동할까?**

성공한 사람들 중에서도 최고의 반열에 오른 이들은 통계적으로 극히 일부분이다. 하지만 이 사실을 가볍게 여기는 경향이 있다. 실패한 사람들은 무수히 많다. 그들은 살아남지 못했다는 이유로 불평할 자리도 얻지 못한다. 대부분의 사람들은 이 사실을 보지 못한 채, 뿌연 안개 속에서 자신의 성공 가능성을 파악한다.

실패한 사람들은 자신의 실패담을 책으로 쓰지 않으며, 일간지의 1면을 장식하는 일도 없다. 게다가 죽음조차 알려지지 않는다. 반면에 성공한 사람들의 이야기는 언론에 대서특필되고, 사람들이 그릇된 판단을 하게 한다. 하지만 그들은 극소수의 행운아다.

우리는 성공 가능성을 평가할 때 내가 보지 않은 것, 다시 말해 실패의 모든 가능성을 가늠하여 계산에 추가하지 못한다. 인간의 뇌는 성공 사례에 지대한 역할을 한 것이 운이라는 점을 인정하기 힘들어한다.

◆ **이긴 사람만 있는 게임**

생존 편향을 풍자적으로 설명하려면 러시안룰렛 게임[11]을 생각하면 된다. 이 게임을 해 본 적이 있는 사람들에게 물어보면 하나같이 이겼다는 말밖에 들을 수 없다. 당연하지만 진 사람은 졌다고 불평할 수 없기 때문이다.

◆ **진정으로 실패한 원인을 분석하고 싶다면**

제2차 세계 대전 중, 영국으로 착륙하러 돌아온 폭격기가 동체에 어떤 충격을 입었는지 분석했다. 일부 분석가는 가장 심하게 손상된 부분에 장갑을 강화할 것을 주장했다. 하지만 통계학자인 아브라함 발드 교수는 오히려 아무 충격도 받지 않은 곳에 장갑을 강화해야 한다고 말했다. 왜 그럴까? 그 부분에 타격을 받은 폭격기는 모두 격추되어 돌아오지 못했기

---

11 회전식 연발 권총에 하나의 총알만 장전하고, 머리에 총을 겨누어 방아쇠를 당기는 목숨을 건 게임이다. ― 역자 주

때문이다! 유일하게 그 부분에 타격을 입지 않은 폭격기만이 살아남았다. 간단히 말해 발드 교수는 생존 편향에 빠지지 않은 것이다.

이와 마찬가지로 성공이 무엇인지 이해하고 싶다면, 실패한 사람들을 떠올리자. 그들은 성공한 사람들과 똑같이 했음에도 실패하지 않았는가. 그들이 실패한 원인이 무엇인지 생각해 보면 비로소 성공의 길이 보인다.

◆ **생존 편향을 어떻게 피할까?**

좋은 결정을 내리기 위한 황금률은 어떤 결과를 맞더라도 내가 했던 결정을 판단하지 않는 것이다. 어떤 일에서든 우연이 대단히 큰 비중을 차지하기 때문이다.

그렇다면 내가 내린 결정이 옳은 것인지 판단하는 가장 좋은 방법은 무엇일까? 바로 상황을 고려하여 가장 합리적인 결정이었는지 살펴보는 것이다. 카너먼도 "이번 결정은 비록 결과는 좋았지만 어리석은 결정이었다."라고 말했다.[12] 그는 결과가 좋았던 결정도 상황을 고려하여 판단해야 함을 상

---

12 대니얼 카너먼 지음, 《생각에 관한 생각: 우리의 행동을 지배하는 생각의 반란》, 이창신 옮김, 김영사, 2018, 312쪽. — 편집자 주

기시켰다. 잘못된 결정을 내리는 사람들도 몇 번은 성공할 수 있다. 그러나 장기적으로는 항상 실패함을 잊어서는 안 된다.

지식의 저주

√ **왜 사람들은 내 설명을 이해하지 못할까?**

우리는 타인에게 아무것도 가르칠 수 없다.
그가 스스로를 발견하도록 도울 수 있을 뿐이다.

— 갈릴레오 갈릴레이

"화 좀 그만 내, 여보! 내가 뭐라고 대답했으면 좋겠는데? 나는 델코 머리가 뭔지 모르겠단 말이야."

"뭐라고? 그거 모르는 사람이 어디 있어! 복잡할 거 없어. 점화 플러그, 배전기, 캠을 확인한 다음에 콘덴서를 보면 돼!"

여기서 잠깐! 미리 알아 둘 것이 있다. 델코 머리는 엔진 점화 장치를 뜻한다. 이 때문에 자자와 리리의 사이가 틀어지는 것을 막고 싶다면, 자자에게 **지식의 저주**를 설명해 주면 어떨까?

◆ **이것은 무엇일까?**

어떤 주제를 이해하는 데 있어서, 내가 알고 있는 지식을 다른 사람들도 알고 있을 거라고 무의식적으로 가정하는 경향이다.

◆ **이것이 왜 편향일까?**

다른 사람들도 알고 있다는 생각은 확인하기 전에는 알 수 없기 때문이다.

◆ **어떻게 작동할까?**

특정 분야의 능력이나 지식이 생기면 이 지식이 없는 자신은 상상하기 힘들다. 그리고 이 지식을 모르는 사람의 입장에서 생각하기도 어렵다. 우리가 알게 된 지식을 뇌가 모르는 체하거나 몰랐던 때로 더 이상 돌아갈 수 없는 것과 같다. 결과적으로 지식의 저주란 어떤 주제에 정통할수록 지식을 전달하기가 어려워지는 경향을 말한다. 이러한 까닭에 자신의 능력이 발전할수록 점점 더 현학적이 되고, 예전에는 내가 몰랐다는 사실을 잊는다. 또한 그때 우리가 어땠는지 잊어버릴 수도 있다.

지식의 저주를 실감하기 위한 재미있는 방법은 여러 가지가 있다. 특히 그림을 보고 단어를 맞추는 픽셔너리 게임이나 흉내 내는 동작을 맞추는 게임을 추천한다. 분명 내가 그 단어를 완벽하게 표현한 것 같은데, 상대방은 이걸 왜 못 맞히는지 이해할 수 없는가? 그렇다면 당신은 지식의 저주에 빠진 것이다!

◆ 전문가 같은 아마추어

재미있는 것은 초심자를 가르칠 때 가끔은 아마추어가 전문가보다 낫다는 사실이다. 유능한 교사가 되기 위해서는 오히려 아무것도 모르는 사람으로 돌아가는 법을 배워야 한다. 이와 마찬가지로 수준이 비슷한 학생들끼리 공부할 때는 언어 구사 수준도 같으므로, 나름대로의 방식을 이용해 쉽게 설명할 수 있다.

전문 판매원이 늘어놓는 복잡한 정보의 홍수에 빠져 보지 않은 사람이 누가 있을까? 하지만 별로 전문적이지 않거나, 더 노련한 판매원은 본론으로 곧장 들어간다. 일부 정치인들이 유권자를 바보처럼 여기며 말하는 것도 지식의 저주를 끊기 위해서인지도 모른다.

◆ **지식의 저주를 어떻게 피할까?**

지식의 저주를 피하기 위해서는 먼저 대화 상대의 능력이 어느 수준인지 눈치껏 체계적으로 살펴보아야 한다. 그러면서 다음 사항을 확인하라.

첫 번째, 상대가 사람들이 하는 말과 사용한 용어들을 이해하는지 판단한다.

두 번째, 상대가 이해되지 않는 점이 있으면 중간에 질문하는지, 그렇게 해도 된다고 생각하는지 판단한다.

세 번째, 상대도 나름대로 전문가이므로 그를 바보 취급하지 않도록 조심한다.

GROUP 3 ::: **빨리 행동하기**

더닝 크루거 효과

√ **나는 왜 어려운 일에도 영향을 받지 않을까?**

실패자나 혐오자에게는 미안한 이야기지만

내 아이큐는 가장 높은 축에 듭니다.

당신들도 알지 않습니까!

— 도널드 J. 트럼프

도널드 트럼프는 모든 분야에서 무능력한데 왜 자신감이

넘치는 걸까? 완전히 정신이 나간 걸까? 아니면 자신의 무능력을 가늠하지 못할 정도로 무능한 걸까? 유권자들은 어떻게 트럼프를 신뢰할 수 있었을까? **더닝 크루거 효과**라는 인지 편향이 발견되지 않았다면 모든 것이 정말 수수께끼였을 것이다. 지구상에서 도널드 트럼프만큼 이 인지 편향을 더 잘 구현한 사람은 없다.

◆ **이것은 무엇일까?**

어떤 분야에서 자질이 가장 부족한 사람들이 자신의 능력을 과대평가하는 경향이다.

◆ **이것이 왜 편향일까?**

그들은 자신에게 도대체 어떤 능력이 필요한지도 모르기 때문이다.

◆ **어떻게 작동할까?**

미국의 심리학자 더닝과 크루거는 자질이 부족한 사람일수록 스스로를 과대평가하고, 성공하는 데 필요한 능력을 과소평가하는 경향이 있음을 입증하였다. 어떤 경우에는 자질이 크게 부족한 나머지 그 사실조차 깨닫지 못한다! 반대로 조금이라도 실력이 있는 사람들은 자신이 모르는 것이 많다고 깨우친다. 그래서 자신의 부족함을 충분히 알고 있다. 이처럼 능력을 과신하지 않으니 실수도 적다.

더닝 크루거 효과는 상위 인지의 문제다. 즉, '인지하고 있음'을 '인지'하는 능력을 말하는데, 이는 모르는 것과 '그 모른다는 사실을 모른다는 것' 사이의 관계와 연결된다.

인간의 뇌는 공백을 두려워한다. 그래서 모르는 것이 있어도 기존에 알고 있던 것을 통해 채우려는 경향이 있다. 티셔츠와 샌들 차림으로 등산을 갔다가 조난당해 얼어 죽는다거나, 곰에게 잡아먹히는 등의 수많은 어처구니없는 사고는 더닝 크루거 효과 때문이다. 어떤 전문가는 의료 사고의 30퍼센트 가량이 더닝 크루거 효과에 기인한다고 본다.

◆ **더 많은 자신감**

서양(특히 미국) 문화는 자신감을 드러내는 데 높은 가치를 부여한다. 특히 회사에서 더 그렇다. 직급이 높을수록, 더구나 고위직일수록 목소리만 크고 무능한 사람들이 포진해 있는 이유도 이런 까닭이다. 더닝 크루거 효과는 이러한 이들에게 유리하게 작용한다.

반면에 동아시아권 문화에서는 개인주의와 과도한 자신감을 드러내는 것을 꺼린다. 그래서 더닝 크루거 효과가 동아시아권 출신 사람들에게는 강하게 발휘되지 않고, 심지어 약화된다고 추정하는 연구 결과도 있다.

◆ **더닝 크루거 효과를 어떻게 피할까?**

내가 모르는 것은 두 가지 부류라는 것을 기억해야 한다. 첫 번째, 흉부외과나 피겨 스케이팅, 오케스트라 지휘처럼 내가 전혀 모르는 분야가 있다는 것이다. 이는 스스로 깨달아야 한다.

두 번째, 모르는 분야시만 그 사실조차 내가 모른다는 것이다. 이는 그냥 내가 인지조차 못하는 분야다.

실은 첫 번째보다 두 번째에서 더 유의해야 한다.

반발

√ 나에게 유익한 행동인데도 왜 하고 싶지 않을까?

◇◇◇

네, 뭐 상관없어요. 꼭 그렇게까지는 안할 거니까요!

— 엘리아스, 15세

"나는 환경주의자들의 주장에 진절머리가 나. 그래서 내 디젤 엔진을 한두 시간 동안 공회전시키고, 엔진에 부착된 미립자 필터도 떼어냈지! 그랬더니 내 4×4 픽업트럭이 시커먼 매연을 내뿜더라고. 진짜 기분 좋지 않냐?"

미국의 자유를 지지하는 신보수주의자이자 '롤링 석탄' 튜닝[13] 애호가인 딕의 뒤통수를 세게 때려 주기 전에, 그가 **반발 편향**의 희생양이 된 것은 아닌가 생각해 보자. 사실 당신도 가끔 이 편향에 빠진다. 그래도 딕의 머리는 한 대 때려 주자!

---

13 디젤차의 배기가스를 일부러 늘리려고 하는 튜닝을 말한다. — 역자 주

◆ 이것은 무엇일까?

누군가 나를 시나칠 만큼 단호하게 설득하려고 하면 반대로 행동하거나, 반대로 믿는 경향이다. 이는 반항 심리의 한 형태다.

◆ 이것이 왜 편향일까?

어떠한 결정을 내릴 때는 추천받은 대로 하는 게 좋다. 최소한 그 반대로 해서는 안 된다. 나쁜 의도가 아니라면 좋은 쪽을 추천하지, 나쁜 쪽을 권하지는 않는다.

◆ 어떻게 작동할까?

반발이란 사실이든 오해든 행동의 자유를 박탈당했다거나, 위협을 당했다고 믿을 때 이를 지키려고 발동되는 심리적 방어 기제다. 이 방어 기제는 나에게 가해진 압박이 신념과 일치했다고 해도, 정도가 지나치거나 자주 반복되면 정반대로 믿거나 행동하도록 부추길 때 나타난다. 우리 정신이 심리적 움직임의 폭을 되찾으려 애쓰는 것이다.

◆ 정반대가 되지 않게 조심해!

반발 심리를 이해하면 마케팅 전략에 도움이 된다. 특히 광고나 다른 수단으로 소비자의 심리를 부추길 때 나타나는 부정적 결과를 분석할 때 수월하다. 타인의 변화를 이끌어 내고 싶은 이들이나, 각종 예방 단체들은 이러한 연구를 통해 전하고자 하는 메시지를 잘 다듬어야 한다. 자칫하다가는 정반대 상황을 유도할 수도 있으니 말이다.

◆ 반발을 어떻게 피할까?

타인이 알려 준 방법이 아니라, 내가 옳다고 믿는 대로 결정을 내려야 한다. 그러나 타인의 조언을 듣는 것이 성가시다고 정반대로 행동하면 안 된다. 이는 메시지의 형식과 내용을 혼동하는 일이다.

결합 오류

√ 나는 왜 어떤 문제의 논리를 그냥 지나칠까?

논리는 감동하지 않는다.

— 빅토르 위고

"린다는 서른세 살의 미혼 여성이며 직언을 잘한다. 대단히 똑똑하고, 철학 학위도 있다. 대학생일 때 차별과 사회 정의 문제에 많은 관심을 가졌고, 핵 반대 시위에도 참여했다."

다음 중 가장 가능한 답은 무엇일까?

첫 번째, 린다는 은행원이다.

두 번째, 린다는 은행원이며 페미니스트 운동에 동참한다.

당신에게 생각할 시간을 주겠다. 그러니 **결합 오류**의 희생양이 되지 않도록 조심하라.

◆ 이것은 무엇일까?

통계 정보보다 묘사 정보에 근거하여 판단하는 경향이다.

◆ **이것이 왜 편향일까?**

확률 문제의 승자는 항상 통계 정보이기 때문이다!

◆ **어떻게 작동할까?**

결과는 이렇다. 린다가 은행원이면서 동시에 다른 무엇이기보다 오직 은행원일 가능성이 항상 더 크다. 따라서 정답은 첫 번째인 은행원이다. 이는 문제에 어떤 방식으로 접근하더라도 같은 결과가 나온다.

다시 말해, 한 사건이 다른 사건과 결합하여 일어날 확률은 ('린다 문제'에서는 회사원이자 페미니스트) 한 사건만 단독으로 일어날 확률보다 낮거나 같다. 하지만 이 질문을 받았던 대학생 중 80퍼센트가 이 같은 오류를 저질렀다.

◆ **새로운 스타**

'린다 문제'는 전문가들 사이에서도 유명해졌고, 이 문제를 고안한 사람들도 수년간 논쟁의 중심이 되었다. 그들은 뇌가 논리의 기본 규칙을 어기며 직관을 선호한다는 사실도 발견했다. 뇌는 환상을 꿈꾸는 데에는 타고났지만, 확률에 대해서는 젬병이다. 그래서 '린다 문제'에서도 페미니스트 린다의 사연에만 주목할 뿐 실제 확률은 무시하는 경향이 있다. 왜냐하면 확률이 별로 재미가 없기 때문이다.

◆ **결합 오류를 어떻게 피할까?**

때로는 직감이 논리보다 훨씬 강력하다. 이를 안다면 한 가지 규칙만 더 준수하면 된다. 항상 시간을 갖고, 그런 다음에는 문제를 세세하게 쪼개려고 해 보자. 정리하면 대답하기 전에 세 번만 더 생각해 보자!

이케아 효과

√ 사람들은 왜 내가 만든 것의 가치를 깎아내릴까?

냉소주의란 만물의 가격은 알아도 가치는 모르는 것이다.

— 오스카 와일드

"이 선반 어때? 간단해 보일지 몰라도 예술 작품이나 거장의 작품처럼 심혈을 기울여서 직접 만든 거야. 이 선반은 마음의 눈으로 봐야 하고, 더 깊게 이해하려면 푹 빠질 줄 알아야 해. 안 돼! 그 위에 아무것도 올려놓지 마! 이 선반은 너무…… 음, 소중해."

주말에 목공을 즐기는 파리드는 자신이 손수 만든 선반의 매력에 푹 빠졌다. **이케아 효과**에 빠진 것이다.

◆ 이것은 무엇일까?

손수 만들었다고는 하지만, 본인이 진짜 만든 것은 일부에 불과한 물건에 지나치게 중요한 가치를 부여하는 경향이다.

◆ **이것이 왜 편향일까?**

과대평가는 올바른 평가가 아니기 때문이다.

◆ **어떻게 작동할까?**

모두가 알다시피 스웨덴의 가구 브랜드 이케아에서 파는 제품은 스스로 조립해야 한다. 이처럼 물건을 손수 조립하는 것이 물건의 가치를 부여하는 데에 영향을 미친다는 실험 결과가 있다. 어떤 일에 몰두할수록 결과에 대한 주관적, 객관적 가치의 차이는 커진다.

이케아 효과는 포괄적 인지 편향인 '노력 정당화 효과'에서 나왔다. 우리는 어떤 목적을 달성하려고 노력할수록 내가 한 일에 더 많은 가치를 부여한다. 내가 실제로 얻은 가치를 과대평가하면 투입한 노력을 정당화할 수 있다. 이때 하고 싶지 않은 일을 해야 하거나, 변변치 않은 결과를 거두었을 때 나타나는 인지 부조화도 줄일 수 있다. 이케아 가구를 생각하면 이해하기 쉽다.

◆ **Do It Yourself**

이케아 효과는 기획자들이 어리석은 아이디어나 계획을

왜 그렇게 끝까지 변호하는지 잘 설명해 준다. 이런 사례는 수없이 많다. 아주 간단히 말하면 아이디어를 내고 계획을 수립한 사람이 그들이기 때문이다! 만약 집주인이 손수 집을 수리한 곳이 많다면, 시간이 지나도 집값을 내리기를 꺼려 한다. 이런 경향도 이케아 효과로 설명할 수 있다.

이케아 효과는 1950년대 초에 즉석 케이크 재료 판매자들의 경험에서 발견했다. 판매자들은 소비자들이 물을 제외한 모든 재료가 들어 있는 케이크 믹스보다, 계란을 따로 넣어야 하는 케이크 가루를 선호한다는 것을 알게 되었다. 재료가 완비된 케이크 믹스는 정말 간편했지만 요리를 한다는 기분을 만끽할 수 없었다. 그렇게 만들어진 케이크는 '가치'가 그만큼 덜했다.

현재 많은 회사에서 이케아 효과의 힘을 깨닫고, 소비자들이 자신의 개성을 발휘할 수 있는 제품이나 소프트웨어를 만들고 있다.

◆ **이케아 효과를 어떻게 피할까?**

내가 제안한 제품과 계획, 서비스 가치를 평가할 때에도 여기에 들인 시간에 집착하기보다, 소비자가 어떤 용도로 사용할 것인지에 집중하라. 그러면 소비자가 개선안을 제안하더라도 화가 나는 일 또한 막을 수 있다!

매몰 비용 편향

√ 왜 내 돈이 들어가면 포기하기 힘들까?

오늘 밤 내가 카드 게임에서 잃은 돈이 얼만데?
끝장을 봐야 하니까 아직 그만 둘 수 없어!

— 알렉상드르

손해를 봐도 좋으니 말이 안 되는 이야기를 살리려고 애쓰는 자신의 안타까운 습관을 알아챈 적이 있는가? 온갖 노력을 기울였지만 실패한 사랑과 일, 재테크를 곱씹으며 헤어나지 못하는 까닭은 무엇일까? 오히려 노력을 너무 많이 쏟았기 때문에 놓아 버리기 어려운 것은 아닐까?

이때 당신이 **매몰 비용 편향**의 희생양이 되었을 뿐이라고 생각해 보자.

◆ **이것은 무엇일까?**

돌이킬 수 없는 과거의 투자가 현재 결정을 내리는 데 영향을 주는 경향이다.

◆ **이것이 왜 편향일까?**

투자한 것은 이제 없기 때문이다. 끝. 종결. 더 이상 고려할 대상이 아니다.

◆ **어떻게 작동할까?**

매몰 비용 편향은 많은 시간과 돈 또는 에너지를 투자했다는 이유로 어떤 관계나 생각, 회사에 집착하는 것을 말한다. 그 결과 인간의 정신은 여기에 실제보다 더 큰 가치를 부여하고 포기하기 싫어한다. 하지만 이미 사라진 것은 더 이상의 가치가 없다. 그러니 어떤 결정을 내릴 때 영향을 미쳐서도 안 된다.

◆ **낭비는 안 돼**

매몰 비용 편향을 경험할 수 있는 재미있는 상황은 여러 가지가 있다.

첫 번째, 텔레비전에서 했다면 이미 채널을 돌렸을 시시한 영화를 영화관에서 볼 때는 끝까지 본다. 표 값은 이미 지불했고, 영화도 형편없는데 왜 시간까지 버릴까?

두 번째, 나를 불행하게 하는 사람일지라도 오래 함께했다는 이유로 떠나지 못한다.

세 번째, 엘리베이터를 기다리는데 아무리 기다려도 내려오지 않는다. 걸어 올라갔으면 이미 세 번은 왔다 갔다 했을 시간인데도 하염없이 기다린다.

네 번째, 자리를 뜨기 전에 반드시 술잔을 다 비워야 한다고 주장한다.

다섯 번째, 진로를 잘못 선택했지만 다른 진로를 선택하지 않고 학업을 계속한다.

◆ 매몰 비용 편향을 어떻게 피할까?

이제 모든 일은 지나갔다. 이미 잃어버렸다면 그게 무엇이든 되돌릴 수 없다는 것을 인정하자. 이것이야말로 매몰 비용 편향을 피하는 좋은 방법이다. 이때 고려해야 하는 질문은 하나다. '실제로 존재하는 것과 지금 현재를 생각해 보면 어떤 결정을 내리는 것이 가장 좋은가?'

포러 효과

√ 나는 왜 사람들이 내 이야기를 하길 바랄까?

근데 이거 완전히 내 얘긴데!
진짜 대단해, 족집게야! 너도 봤어?

— 쥘리, 옆 사람의 별자리 운세를 읽으면서 한 말

아래에 제시된 글을 읽어 보자.

"당신은 사랑과 칭찬을 받아야 하지만 스스로를 비난합니다. 당신의 성격에 단점이 있는 것은 당연합니다. 하지만 전체적으로 그 단점을 보완할 줄 압니다. 당신은 잠재력이 무한하지만 아직 스스로를 위해서 쓰지는 않았습니다. 겉으로는 법 없이도 살 사람이며 자제할 줄 아는 사람처럼 보입니다. 하지만 속으로는 쉽게 걱정하고, 스스로에 대한 확신이 없습니다. 올바른 결정을 내리고 올바르게 행동했는지 때때로 골똘히 생각에 빠집니다. 어느 정도는 변화와 다양성을 선호하며 제한과 억압을 받으면 만족하지 못합니다. 스스로 독립적인 정신의 소유자임을 자랑스러워하므로, 정식으로 입증된

의견이 아니라면 타인의 의견을 받아들이지 않습니다. 남들에게 너무 쉽게 자신을 드러내면 어리석다고 생각합니다. 때때로 외향적이고 말을 많이 하며 사교적인 듯 보입니다. 하지만 어떤 때는 내성적이고 조심성이 많으며 신중합니다. 당신은 가끔 이루어질 수 없는 꿈을 꾸는 편입니다."

이 글이 당신의 성격을 정확하게 묘사한다고 느끼는가? 그렇다면 정상이다. 당신은 **포러 효과**의 희생양이 되었다.

◆ **이것은 무엇일까?**

성격의 특징을 다룬 일반적이고 모호한 설명이 특별히 자신에게 적용된다고 받아들이는 경향이다.

◆ **이것이 왜 편향일까?**

이 설명은 누구에게나 적용되도록 작성되었기 때문이다.

◆ **어떻게 작동할까?**

위에 제시된 글은 1948년에 심리학자 버트럼 포러가 여러 가지 별자리 운세를 이어붙인 것이다. 포러는 먼저 학생들에게 가짜 성격 테스트를 한 뒤 이 글을 나눠 주었다. 학생들 모두가 이 설명은 자신만을 위해서 작성되었다고 생각했다. 신뢰할 만한 글이라고 판단한 그들은 평균적으로 20점 만점에 16.8점을 주었다. 포러는 이 실험을 수백 차례나 되풀이했으나 결과는 비슷했다.

이 결과는 인간의 정신은 자신을 특정 짓는 말을 믿고 싶어 한다는 사실을 보여 준다. 이때 설명에 빈틈이 있더라도 자신의 이미지를 투영하고, 일부 설명만을 골라 믿으며 빈틈을 메운다.

위 설명은 성격의 한 특징인 '외향적이고 말을 많이 하며 사교적인 듯 보인다.'와 정반대 특징인 '내성적이고 조심성이 많으며 신중하다.'를 함께 제시한다. 바로 그 점 때문에 이 경향은 유리하게 작용하여, 적당히 들어맞는 것을 낚아챌 수 있게 한다.

우리는 나 자신에 대한 정보를 목말라하며, 관심이 가는 내용만 선별한다. 그래서 사람들이 나에게 하는 말을 그대로 믿는 경향이 있다. 특히나 누가 나에 대해 말할 때는 저절로 귀가 얇아진다. 포러 효과는 이런 사실 때문에 나타난다.

◆ **사기꾼 편향**

포러 효과는 바넘 효과라고도 불린다. 이 이름은 동명인 바넘 서커스의 창시자 이름에서 유래한 것인데, 그는 자신을 '엉터리 약장수 왕자'라고 칭했다. 이 편향은 사기꾼이나 광고업자, 정치인, 점술가나 점성가, 유심론자 같은 이들이 이용한다. 왜냐하면 큰 노력을 들이지 않아도 자신이 원하는 바를 상대방이 곧이곧대로 믿게 할 수 있기 때문이다.

◆ **포러 효과를 어떻게 피할까?**

다른 사람이 하는 말을 무조건 믿지 않도록 노력해 보자. 심지어 심리학 교수가 하는 말이라도 말이다. 특히 모호하거나, 나를 추켜세우는 말, 서로 정반대의 두 가지 내용이 들어 있는 말이라면 더욱 조심하자. 나 역시 이 책을 쓰며 오류와 모호함을 없애기 위해 집중하려 노력한다. 만약 그런 부분이 있다면 나 스스로도 조종당하고 있다는 의미이기 때문이다.

점화 효과

√ 나는 왜 작은 자극에도 영향을 받을까?

거짓이라는 미끼로 진실이라는 잉어를 낚는다.

— 셰익스피어, 《햄릿》

조지안은 말했다. "아까 분명 나한테 하늘에서 내리는 눈, 구름, 건물 벽 색깔이 뭐냐고 물어 봤죠? 그래서 흰색이라고 답했고요. 그런데 암소가 뭘 마시냐는 질문에는 우유라고 답했어요. 이상하네요……. 내가 왜 그랬지?"

자, 혼란스러운 조지안의 머릿속을 정리해 주자. 답은 '물'이다. 암소는 우유를 만들 뿐, 마시지는 않는다! '흰색'이라는 답변이 계속되면서, 뇌가 흰색 액체를 끌어온 것이다. 이로써 그는 **점화 효과**의 희생양이 되었다.

◆ **이것은 무엇일까?**

이전에 받은 자극(기폭제)이 다른 행동에 영향을 미치는 경향이다.

◆ **이것이 왜 편향일까?**

우리의 행동은 그렇게 영향을 받아서는 안 되기 때문이다!

◆ **어떻게 작동할까?**

미국의 심리학자 존 바그와 연구원들은 뉴욕 대학교 학생들을 그룹으로 묶고, 각 그룹마다 다른 단어에 노출되도록 했다. 그리고 이 단어들을 조합하여 짧은 문장 몇 개를 만들라고 했다. 그다음에는 다른 테스트를 받도록 다른 방으로 보내며, 이때 시간이 얼마나 걸리는지 측정하였다. 이것이 실험의 진짜 목적이었다.

결과는 놀라웠다. 노화와 관련된 단어들(잊음, 회색, 쭈글쭈글한 또는 대머리)가 들어간 단어에 노출된 학생들은 다른 그룹 학생들보다 천천히, 정말 노인처럼 걸었다. 이후에도 수십 건의 실험을 통해 단어와 이미지 또는 소리가 무의식적인 '점화'를 일으켜 다양한 영역, 즉 수치심, 관대함, 권위에 영향을 준다는 경향이 증명되었다.

예를 들어 돈에 관한 자극으로 점화를 일으키면 피험자의

행동은 곧장 더 이기적으로 변한다.[14]

◆ **어둠 속의 낯선 이**

인간의 내면에는 어떤 존재가 잠재되어 있다. 카너먼은 이 존재를 '낯선 나'라고 표현했다.[15] 그래서 의견과 결정, 선택과 동의, 걷는 방식까지 독립적으로 이루어진다고 믿는 모든 것에 영향을 미친다. 이 낯선 이를 돌려보내기는 쉽지 않다. 이미 그는 우리 안에 살고 있기 때문이다.

◆ **점화 효과를 어떻게 피할까?**

우리에게 계속해서 점화를 일으키는 자극이 무엇인지 파악하려 노력해 보자. 하지만 점화 효과는 무의식적으로 일어난다. 안타깝지만 당신이 이를 알아차리겠다는 희망마저 저버리지는 않을지 걱정스럽다.

---

14 엄밀히 말해 현대 과학은 점화 효과에 의구심을 갖지 않지만 이 실험 방법에 대해서는 신랄한 비판을 한다.
15 대니얼 카너먼 지음, 《생각에 관한 생각: 우리의 행동을 지배하는 생각의 반란》, 이창신 옮김, 김영사, 2018, 94페이지. — 편집자 주

자기 위주 편향

✓ **사람들은 왜 내 성공을 깎아내릴까?**

――――――――――――――――――――――――

대단한 허풍쟁이일수록 정작 행동은 하지 않는다.

— 영어 속담

"왜 저 멍청이 장 루이는 프로젝트가 성공한 건 본인 덕이라고 팀원 전체한테 떠드는 거야? 그가 저지른 실수를 수습하고 궂은일을 도맡아 한 사람은 바로 나란 말이야. 내가 여기 없었어 봐, 엉망진창이었을 거라고! 저 사람은 진심인 거야, 아니면 목에 힘이나 주려고 저러는 거야? 팀원들 다 보는 앞에서 본인이 얼마나 형편없는 사람인지 깨우쳐 줄 가치가 있긴 하냐고?"

잠깐! 친절한 동료 장 루이에게 화를 내기 전에 알아야 할 것이 있다. 바로 당신이 **자기 위주 편향**의 희생양이 되었을지도 모른다는 점이다.

◆ **이것은 무엇일까?**

성공에 대한 공로는 자기 자신에게 돌리고, 실패는 타인이나 상황 탓으로 돌리는 경향이다.

◆ **이것이 왜 편향일까?**

나 자신의 성공을 과대평가하거나, 실패를 과소평가하면 내가 실제로 어떤 책임을 맡았는지 제대로 확신할 수 없다. 결국 이런 자기 위주 편향은 성공보다는 실패했다는 생각을 더 하게 만든다.

◆ **어떻게 작동할까?**

인간의 뇌는 자신의 긍정적 이미지를 유지하고자 한다. 그래서 성공은 '나 덕분에 일이 성사된 거라고!'라고 생각하고, 실패는 '일이 이렇게 된 건 다른 사람 때문이야! 운이 없었어!'라고 전가한다. 이런 무의식적인 전략은 성공이나 실패의 진짜 원인을 감추고, 어느 정도 심리적 안정감을 유지하도록 해준다. 하지만 나중에는 실망스러운 미래에 부딪칠 수도 있다.

◆ 자수성가한 사람 Self-Made Man

모든 성공의 공로를 자신에게 돌리는 이들이 있다. 전 세계 문화권에서 이런 사람들을 사회적으로 똑같이 여기지는 않는다. '자수성가한 사람Self-made man'이라는 개념을 만든 미국은 이런 경향을 잘 받아들이지만, 동아시아권 국가는 단체 생활에서 겸손을 더 중시한다.

그래도 모든 것을 혼자 이룬 사람은 없다. 우리보다 앞서 존재했던 사람들이 나를 가르치고 성장하게 하지 않았는가? 그렇게 생각하면 그들에게 영원한 빚을 진 것이다. 하지만 이렇게 상기시켜도 소용없다.

◆ 자기 위주 편향을 어떻게 피할까?

다른 사람들이나 어떤 상황이 실제로 기여한 점을 기억하고, 이를 가늠하려고 노력하자. 그리고 진심으로 다른 사람의 입장에 서 보자. 그래서 그들이 세운 공로를 정확히 평가하며 생각의 균형을 되찾아야 한다.

GROUP 4 ::: 기억을 단순화하기

가용성 편향

√ 왜 직관을 불신해야 할까?

코로나바이러스?

역시 민주당 지지자들 짓이야!

— 마티아스, 공화당 지지자

"병이나 교통사고로 죽는 사람이 더 많은데 왜 대다수의 사람들은 테러를 주된 문제라고 여길까? 실업과 빈곤, 무관

용이나 인종 차별이 사회에 더 많은 해를 끼치는데도 왜 테러 소탕에 이만큼이나 자원을 동원할까?"

이렇게 질문하는 이에게 그렇게 하는 까닭은 테러의 실행 방식이 **가용성 편향**을 노리기 때문이라고 말해 보자.

◆ **이것은 무엇일까?**

기억에서 곧바로 사용할 수 있는 정보를 중시하고 과대평가하는 경향이다.

◆ **이것이 왜 편향일까?**

그 정보가 반드시 가장 타당하지는 않기 때문이다.

◆ **어떻게 작동할까?**

인간의 뇌는 기억하기 쉬운 사건의 발생 주기나 확률을 착각하는 경향이 있다. 기억이 잘 날수록 중요하다는 것이다. 그래서 반복되고 최근에 일어났거나 이목을 끄는 사건, 감정을 북받치게 하거나 논쟁거리가 가득한 상황을 중요시한다. 테러처럼 충격적인 사건도 빠질 수 없다. 하지만 눈에 띄는 사건이라고 해서 반드시 주목할 만한 것은 아니다.

◆ **우리 손 안에 있는 것**

가용성 휴리스틱은 새로운 정보를 찾지 않고 의식에 떠올라서 금방 꺼내 볼 수 있는 정보를 사용하도록 유도한다. 이 체계를 이용하면 일상적인 문제는 올바로 해결할 수 있다. 대부분은 일을 복잡하게 만들어도 소용이 없기 때문이다. 또 이 체계는 엇나간 결론을 자동적으로 비켜 가는 지름길이다. 문제는 정말로 심사숙고가 필요할 때다!

우리 뇌는 쉽게 떠오르는 분명한 것들을 중시한다. 즉 편견과 선입견, 고정 관념과 선험적인 생각과 같은 것들을 중시하는 것이다. 이는 솔직히 인간 지능의 입장에서는 가장 훌륭한 답변은 아니다. 그렇기에 큰 오류를 저지르라고 부추긴다.

◆ **가짜 뉴스의 법칙**

언론 매체나 정치인들은 사람들을 분열시키고 격한 감정을 일으키는 주제에 관심을 집중시키는 방법을 알고 있다. 반복되는 메시지는 쉽게 생각이 난다. 그래서 여론은 그 메시지가 반복될 만하고, 더 중요하다고 느낀다. 가짜 뉴스의 힘은 이 경향을 이용한다. 강력하지만 거짓인 메시지의 진위를 확인할 누리꾼은 극소수에 불과하다.

◆ **가용성 편향을 어떻게 피할까?**

이제 문제를 해결해야 할 때는 직관을 불신하고 다음 사실을 혼동하지 않도록 노력하자. 맨 처음 떠오르는 생각이 가장 좋은 것은 아니다. 그저 사용할 수 있는 생각일 뿐이다!

단순 노출 효과

√ 나는 왜 여러 번 노출된 것에 친숙함을 느낄까?

여러분이 손에 든 책은 대단히 좋은 책입니다.

여러분이 손에 든 책은 대단히 좋은 책입니다.

여러분이 손에 든 책은 대단히 좋은 책입니다.

여러분이 손에 든 책은 대단히 좋은 책입니다.

— 편집자 주

지젤은 영국의 볼펜 브랜드와 같은 이름을 가진 금발 여성의 선거 벽보 앞을 여러 차례 지나갔다. 그러자 그 여성에게 호감이 갔다. 왜 그랬을까?

바로 벽보를 붙인 목적이 그것이기 때문이다. 소비자들의 심리를 겨냥한 광고업자들은 지젤이 **단순 노출 효과**의 희생양이 될 줄 알았다.

◆ **이것은 무엇일까?**

반복해서 접한 사람이나 사물에 긍정적인 감정을 느낄 확률이 높아지는 경향이다.

◆ **이것이 왜 편향일까?**

이 감정은 실제 그 사람의 자질이나 사물의 품질과는 관련이 없기 때문이다.

◆ **어떻게 작동할까?**

자주 접한 것일수록 호감을 느낄 가능성이 커진다. 하지만 이 친숙함은 허상이다. 뇌도 어떤 정보를 맨 처음 접할 때는 약간 어려움을 겪는다. 하지만 반복해서 접하면 훨씬 쉽게 대한다. 마케팅 전문가들은 항상 제품을 수없이 노출시켜 친숙하게 만들고자 한다. 정치인들 역시 자주 텔레비전 프로그램에 나와 눈도장을 찍으려 한다.

◆ **자꾸 볼수록 더 끌린다?**

미국의 심리학자 로버트 자욘스는 피험자들을 '카부디' 같은 의미 없는 낱말들에 노출시키는 실험을 했다. 그리고 낱말들이 긍정적인지, 부정적인지, 중립적인 무언가를 연상시키는지 물었다. 피험자들은 가장 여러 번 노출된 낱말들을 더

긍정적으로 판단했다.

　이 실험 후 낱말이 아닌 다른 자극들, 즉 이미지, 사물을 이용한 실험이 본격적으로 이루어졌다. 여기에는 잠재의식을 자극시키는 것도 포함되었는데, 순식간에 자극이 지나가게 만들어 의식적으로 감지하기 어렵게 했다. 결과는 어땠을까? 역시 많이 본 것일수록 더 좋아하게 된다는 결론이 나왔다. 비록 그것들을 보았는지 모를 때라도 마찬가지였!

◆ **단순 노출 효과를 어떻게 피할까?**

이제 걸어 다닐 때에는 안대로 눈을 가리고, 라디오에서 흘러나오는 광고를 듣지 않도록 귀를 막아야 한다. 미안하다. 이 외에는 제대로 대응할 수 있는 방법이 없다.

거짓 기억

√ **왜 일어난 적도 없던 일이 기억나는 걸까?**

돈을 빌려 주겠다는 것은 기억에서 지우겠다는 것이다.

― 프랑스 속담

"뭐? 벅스 버니? 내가 벅스 버니 봤다고 말해서 그런 거 아니야? 벅스 버니가 내 앞에 있었고, 발도 꽉 쥐어 봤다고 했잖아! 마치 어제 일처럼 기억나. 지어내는 거 아니야! 너는 그냥 질투하는 거야. 벅스 버니는 너를 쳐다보지도 않았다고!"

잠깐! 어렸을 때 놀이공원에 함께 간 사촌 기투와 기억이 다르다고 다투고 있는가? 그렇다면 기투와 당신 모두 **거짓 기억**의 희생양이 되었을 수 있다고 설명하는 것은 어떨까?

◆ **이것은 무엇일까?**

이름에서 알 수 있듯 일어나지 않았던 사건을 기억하는 경향이다.

◆ 이것이 왜 편향일까?

글쎄, 그 사건이 일어나지 않았기 때문이다!

◆ 어떻게 작동할까?

거짓 기억은 뇌에서 나타나는 자동적인 경향은 아니다. 그렇다고 똑같은 상황에서 늘 일어나는 반응도 아니므로 엄밀히 말하면 인지 편향은 아니다. 하지만 인지 체계가 스스로를 어디까지 속일 수 있는지 보여 주므로 거짓 기억의 사례는 흥미롭다. 인간은 끊임없이 진짜 기억을 배열하는 것을 넘어, 자신에게 조금이라도 도움이 되는 쪽으로 기억을 다시 만들어 내는 데에도 능하다. 그러므로 겉으로 보기에는 확실한 기억일지라도 과연 신뢰해도 되는지 신중을 기해야 한다. 우리 기억은 모래 위에서 끊임없이 재구성된다. 최악인 점은 가장 자주 사용하는 기억일수록 가장 진부하고 신뢰성이 떨어진다는 점이다!

◆ 벅스 버니의 진실

거짓 기억과 관련된 연구는 1970년대부터 진행되었다. 특히 2002년에 미국의 심리학자 엘리자베스 로프터스가 한 연구는 인간의 기억력이 다른 어떤 것에 영향을 받기 쉽다는 것을 증명해 주었다. 거짓 기억을 떠올릴 정도로 말이다. 이를 위해서는 복잡한 장치도 필요 없다. 속임수를 쓴 사진이면 충분하다.

이 실험에서는 우선 피험자들에게 디즈니랜드 홍보물에 나온 벅스 버니의 사진을 보여 주었다. 그리고 거기서 벅스 버니를 만난 기억을 묘사해 보라고 했다. 그러자 4분의 1 이상의 피험자들이 이 토끼와 만나고, 안아 보기까지 했다고 말했다. 하지만 벅스 버니는 경쟁사인 워너 브라더스 소속이므로, 디즈니랜드에서는 절대 볼 수 없다.

로프터스는 이 실험에서 인간의 기억력이 수많은 요소에 영향을 받는다는 것을 보여 주었다. 특히 어떤 방법으로 실문하느냐에 따라 거짓 기억이 형성되도록 유도할 수 있다는 것도 알려졌다. 이 실험 결과는 범죄 사건의 수사에 쓰이는 증인 심문 기법을 개선하는 데 일조하기도 했다.

◆ **거짓 기억을 어떻게 피할까?**

기억의 장점은 대부분 검증할 수 있다는 것이다. 사진과 같은 예전 자료를 찾아보든지, 태곳적부터 내려오는 기법인 집단 기억을 활용할 수 있는 것이다. 그러니 자신의 기억이 맞는지 다른 사람들에게 물어보면 실수할 가능성이 줄어든다. 물론 누구한테 물어봐야 할지 기억나지 않을 테지만 말이다.

사후 과잉 확신 편향

√ 왜 처음부터 그 일이 일어날 줄 알았다고 생각하는 걸까?

하하! 나는 확신이 있었어!

그럴 줄 알았지, 그럴 줄 알았다고!

― 필리프, 도박 게임에서 18.60달러를 따서 행복한 남자

"있잖아, 언젠가 미국에서 무슨 일이 일어날 거라고 내가 너희들한테 말하지 않았었나? 내가 말하지 않았냐고, 어? 근데 아무도 내 말 안 듣더라! 그거 별로 어려운 거 아냐. 뉴욕도 맞혔지? 하, 잘 생각해 보라고. 비행기들노 맞혔잖아!"

당신은 2001년 9월 11일을 분명히 기억할 것이다. 스카치테이프로 동료 미카엘의 입을 틀어막을 뻔한 날이기 때문이다. 그날 당신이 참았던 건 정말 잘했다. 미카엘은 충격에 못 이겨 **사후 과잉 확신 편향**의 희생양이 되었을 뿐이니 말이다.

◆ 이것은 무엇일까?

어떤 사건이 일어나면 그 사건의 예측 가능성을 과대평가

하고 과거를 재해석하는 경향이다.

◆ **이것이 왜 편향일까?**

어떤 사건이 일어났다고 해서 예전에 없던 예측 가능성이 높아지지는 않는다.

◆ **어떻게 작동할까?**

인간은 예상할 수 없었던 사건이 막상 닥치면 이를 정당화하는 경향이 있다. 선견지명이 있었더라면 미리 알았을 것이라고 생각하지만, 실은 틀렸다. 사후에 드는 느낌은 대부분 환상이다. 우리는 예전에는 몰랐다는 사실을 잊는다. 일어날 법한 수천 가지 다른 가능성은 무시하고, 사건이 일어난 지금에서야 그 일이 벌어진 게 당연한 것 같다. 그래서 내가 사전에 얼마나 무지한 상태였는지 떠올리기란 가히 불가능하다. 우리의 믿음을 뒤흔든 사건이라면 더 그렇다. 과연 당신은 2001년 9월 10일에 무슨 생각을 했을까?

사후 과잉 확신 편향의 기제는 아직 정확히 알려지지 않았다. 하지만 아마도 우연을 불편해하는 뇌가 과거를 현재와 일관되게 여기고, 내 앞에 닥친 일에 더 많은 의미를 부여하는

방법인 듯하다. 사후 과잉 확신 편향은 확증 편향과 거의 같지만 특히 시간과 관련이 있다. 우리는 기억에서 어떤 일의 징조를 나타내는 신호를 찾는다. 그리고 때로는 그 신호를 만들어 내기까지 하면서 현재를 확인하려고 노력한다.

◆ **인생을 갖고 장난치다**

사후 과잉 확신 편향에 노출된 사람들은 주로 의사, 금융 트레이더 또는 판사다. 그들은 의료 사고나 금융 위기가 일어난 이후에 원인을 쉽게 내세울 수는 있다. 하지만 이 사고에서 스스로를 보호하기란 훨씬 복잡하다. '그런 일이 생길 줄 알았지!'라고 말할 수는 있어도, 실제로 왜 그렇게 되었는지 이해하려고 하지는 않는다. 판사가 판결을 내릴 때도 피고인의 전과에 영향을 받아야 하는가?

◆ **사후 과잉 확신 편향을 어떻게 피할까?**

어떤 사건이 일어나기 전의 상황을 돌아보려고 노력해 본다. 그리고 그 사건에 대해 알려진 정보는 무엇이었으며, 일어났을 법한 다른 시나리오는 무엇일지 생각해 본다. 물론 쉽지 않다. 하지만 노력해 볼 수는 있다.

마치기 전에

우리가 어리석을 때

계륵 같은 지름길

인지 체계의 구불구불한 작은 부위를 지나온 우리의 횡단 여행을 요약해 보자. 결국 인지 편향이란 판단 휴리스틱이 지닌 결점이다. 이 지름길은 빠르긴 하다. 하지만 지나치게 빨라서 자주 경로를 이탈한다. 그 결과, 인지 편향의 각 그룹들은 실수를 저지른다.

첫 번째, 인간은 주위 환경에 의미를 부여하려고 노력한 나머지 환상을 만든다. 가정에 불과한 것에 세세한 내용을 덧붙이고, 다른 사람에게 있지도 않은 의도가 있을 것이라고 간주

한다. 때로는 비상식적인 이야기까지 끌어낸다.

두 번째, 성급하게 내린 결정은 근시안적인 이익만 중요시한다. 그래서 대부분 부당하고 이기적이거나 어리석다.

세 번째, 현실을 단순화하고 대충 필터링하기 위해 중요하고 필수적인 정보를 배제해 버린다.

네 번째, 기억의 주요 작동 모드는 게으름이다. 실수를 하고도 맞다고 우긴다.

솔직하게 묻겠다. 이런 것들로 어떻게 올바른 결정을 내리겠는가?

벗어날 순 없지만, 피할 수는 있다

인지 편향의 발견은 이를 벗어나거나 최소한 고칠 수 있는 도구가 만들어지리라는 기대감을 불러왔다. 오늘날 인지 편향에서 벗어나거나 완화하는 기법들이 있긴 하다. 하지만 아쉽게도 효과가 그리 뛰어나지는 않다. 왜냐하면 인지 편향은 인간을 압도하고 있기 때문이다. 그리고 앞에서 말했듯이, 인간은 착시 현상을 벗어날 수 없다.

인지 편향을 완화하는 필수 단계는 이 존재를 인지하는 것이다. 하지만 이를 인지하고 있더라도 작용하는 순간에 깨닫거나, 바로잡기에는 역부족이다. 애써도 소용없다.

대니얼 카너먼도 인지 편향을 연구하며 수십 년을 보냈지만, 자신의 인지 수행 능력을 개선하지는 못했다고 고백했다. 그는 자신이 설명한 일부 오류에 빠졌다는 비난을 받기도 했다. 카너먼이 행한 여러 실험 중, 특히 '점화 효과 실험'은 재실험 때도 똑같은 결과가 도출되지 않았다. 이는 그가 실험 결과에 그릇된 의미를 부여했을지도 모른다는 의심을 샀다.

그러나 인지 편향이 존재한다는 사실은 의심할 여지가 없다. 다만 이를 벗어나게 해 주는 기적의 비법은 발견하지 못할 것이다. 이 점은 인정해야 한다. 그렇지만 희소식은 있다. 인지 편향은 평등을 엄격히 존중하여, 각각의 지능 지수IQ에 상관없이 한결같은 열정으로 누구에게나 관여한다. 이런 만인의 오류에 타고난 면역력을 갖췄다고 자부하는 이들이 있다. 그러나 그런 사람일수록 유능함을 발휘하는 것 같아도, 곧 빗나가는 모습을 보인다. 간단히 말해서 그 무엇도 이 지독한 바보에게 반기를 들지 못한다. 오히려 그 반대다!

인지 편향은 지성의 점정에 도달할 수 있는 능력자다. 그렇지만 한편으로는 맹목적으로 어리석은 행동을 하며 가장 끔찍한 참사를 불러오는 존재이기도 하다.

화해하자!

이쯤에서 '넛지'에 대해 짚고 넘어가려 한다. 넛지는 카너먼의 협력자인 행동 경제학자 리처드 탈러와 캐스 선스타인이 만든 개념이다. 이는 선천적인 결점인 인지 편향을 유리하게 이용하여 올바른 결정을 내리게 하는 비결이다. 인지 편향을 능수능란하게 사용하여 대중에게 유리한 선택을 하도록 하는 방법인 것이다.

남성 소변기 중앙에 작은 과녁을 붙여 놓고 사용자들이 주의를 기울이게 하면, 화장실의 유지 보수 비용이 절감된다. 이것이 넛지다. 자율 배식대에 놓인 튀김 앞에 신선한 야채를 두면 지방을 적게 섭취하는 데 기여한다. 이것도 넛지나. 인터넷으로 세금 신고를 하여 '종이 없는 사회 만들기'에 동참한 납세자에게 한 달의 추가 납부 기한을 제공한다. 이것도 마찬가지로 넛지다.

모두 반짝이는 아이디어다. 하지만 넛지는 날카로운 질문도 던진다. 사람들에게 올바른 결정을 내리도록 하는 것은 바람직하다. 그런데 과연 올바른 결정이란 무엇일까? 누구를 위한 결정일까? 그리고 무엇이 그것을 올바른 결정이라고 결정할까? 인간은 넛지의 존재를 깨닫기 오래전부터 이미 넛지를 활용해 왔다. 특히 마케팅에서 말이다. 이처럼 넛지는 이로운 부분도 있지만, 그만큼 해로우니 모든 것은 이를 활용하는 사람의 손에 달렸다.

내 탓이 아니야, 인지 편향 때문이야!

이 책을 통해 우리는 인지 편향이 존재하며 인간의 지능이 어떤 상황에서는 초라한 성적표를 받는다는 것을 알게 되었다. 이는 인간에게 더욱 겸손하고 인내하라는 뜻일지도 모른다. 나 자신에 대한 연구에 매진하고, 특히 다른 사람의 실수를 너그럽게 바라보라고 권유한다. 그러나 한편으로는 어쩌면 자신의 행동에 대해 책임감을 적게 느끼는 세상이 될지도 모르겠다. "제가 그런 게 아닙니다, 판사님. 제 인지 편향이 그런 겁니다!"라는 말을 법정에서 흔히 듣게 될 수도 있다. 일상적인 마케팅과 광고처럼 고의적으로 인지 편향을 유리하게 남용하는 일도 언젠가 금지될지 모른다.

누가 알까? 인지 편향이 인공 지능의 급격한 발전 때문에 사라지게 될 수도 있다. 우리가 인공 지능에게 인지 편향을 전수하지 않는 한, 이 정도의 결점은 후에 쉽게 보완될 수도 있다. 이와 반대되는 증거가 입증되지 않았으니 아직까지는 그럴 것 같다.

인공 지능이 조종하는 결정 지원 체계의 목표는 인간이 인지 편향으로 인한 실수에서 벗어나게 하는 것이다. 그렇게 되면 인간은 인지 편향을 더 잘 파악하고 뛰어넘게 될까? 아니면 반대로 게을러져서 디지털 목발에 완전히 의존하게 될까?

뭉치면 산다

인간의 인지적 결점이 모두 밝혀지자 또 다른 결론이 도출되었다. 결정을 내릴 때 집단과 민주주의, 포용성과 다양성, 협력과 나눔을 향해 진지하게 나아가야 한다는 것이다. 이렇게 해야 하는 이유는 인간의 뇌 구조에 내재된 수많은 암초를 최대한 피하기 위해서다.

한 번 더 말하지만 여럿이 모인다고 똑똑해지지는 않는다. 하지만 어리석음을 그나마 줄일 수 있다! 개인과 의견, 관점과 기억, 문화의 다양성을 확장하는 것이야말로 개인의 편향을 무력화하고 수많은 실수를 손쉽게 방지하는 수단이다. 게다가 그렇게 하는 것이 훌륭하고 세련되며 가성비가 좋다.

인지 편향은 우리에게 행동을 바꾸고 집단 지성에 도움을 요청하라고 권한다. 혼자 생각하는 인간은 머지않아 실수할 것임을 알게 되었기 때문이다.

― 에릭 라 블랑슈, 2020

참고 문헌

- 《생각에 관한 생각: 우리의 행동을 지배하는 생각의 반란》, 대니얼 카너먼 지음, 이창신 옮김, 김영사, 2018.
- 《상식 밖의 경제학》, 댄 애리얼리 지음, 장석훈 옮김, 청림출판, 2018.
- 《행동경제학: 마음과 행동을 바꾸는 선택 설계의 힘》, 리처드 탈러, 박세연 옮김, 웅진지식하우스, 2021.
- 《기후변화의 심리학: 우리는 왜 기후변화를 외면하는가》, 조지 마셜 지음, 이은경 옮김, 갈마바람, 2018.
- 《넛지: 똑똑한 선택을 이끄는 힘》, 리처드 탈러, 캐스 선스타인, 안진환 옮김, 최정규 해제, 리더스북, 2018.
- 《만약 우리 뇌가 어리석다면? 인간 지능의 새로운 발견Et si le cerveau était bête? Les nouvelles découvertes sur l'intelligence humaine》, 닉 채터, Plon, 2018.
- 《인간 버그, 뇌는 왜 지구를 파괴하라고 부추기는가. 그리고 이를 어떻게 막을까Le bug humain, Pourquoi notre cerveau nous pousse à détruire la planète et comment l'en empêcher》, 세바스티앙 보일레르, Robert Laffont, 2019.
- 《당신은 끔찍한 실수를 저지를 겁니다!Vous allez commettre une terrible erreur!》, 올리비에 시보니, Flammarion, coll. Champs, 2019.
- 《우리는 언제 편향되는가? 조종당하지 않으려면 어떻게 해야 하는가Quand est-ce qu'on biaise?, Comment ne pas se faire manipuler》, 토마 C. 뒤랑, HumenSciences, 2019.
- 《정신의 편향. 진화는 우리의 심리를 어떻게 단련했는가Les biais de l'esprit. Comment l'évolution a forgé notre psychologie》, 제롬 부탕, 미셸 드 라라, Odile Jacob, 2019.